国家社科基金项目（11BJY080）
教育部人文社会科学研究项目（10YJC790338）
黑龙江省重点培育高端智库“政府规制与现代服务业创新”项目

普惠型金融视角下农村金融体系建设研究

姚凤阁　著

中国财经出版传媒集团
中国财政经济出版社

图书在版编目（CIP）数据

普惠型金融视角下农村金融体系建设研究／姚凤阁著．—北京：中国财政经济出版社，2017.12

ISBN 978-7-5095-7892-6

Ⅰ.①普…　Ⅱ.①姚…　Ⅲ.①农村金融-金融体系-建设-研究-中国　Ⅳ.①F832.35

中国版本图书馆CIP数据核字（2017）第292366号

责任编辑：胡　博　庄　莉　　　　责任校对：刘　靖
封面设计：孙俪铭

中国财政经济出版社出版

URL：http：//www.cfeph.cn

E-mail：cfeph@cfeph.cn

社址：北京市海淀区阜成路甲28号　邮政编码：100142

营销中心电话：88190406　北京财经书店电话：64033436　84041336

北京中兴印刷有限公司印刷　各地新华书店经销

787×1092毫米　16开　9.25印张　154 000字

2017年12月第1版　2017年12月北京第1次印刷

定价：48.00元

ISBN 978-7-5095-7892-6

（图书出现印装问题，本社负责调换）

本社质量投诉电话：010-88190744

打击盗版举报热线：010-88190414　QQ：447268889

前　言

2004－2017年，我国连续十四年中央一号文件都对农村问题进行了部署，对农村金融改革和发展起到了主要的推动作用。近年来，我国积极深化农村金融改革，创新农村金融服务方式和产品，重视发挥农村金融对“三农”经济的推动作用。但是随着改革的深入，现有农村金融体系的弊端日益明显，其突出问题是服务越来越倾向于价值取向较高的客户，有发展潜力的中小企业、微型企业、个体经营者、农户或者自然人客户的金融需求不能得到充分满足。如何破解农村金融排斥态势，保障金融服务享用权的公平性，让广大农村地区所有有金融需求的群体都可以平等地享受金融服务，从而更好地发挥农村金融作为农村经济的核心作用显得极为重要。我国应抓住深化城乡改革的历史机遇，积极构建满足和适应我国农村普惠型金融体系，普遍惠及于广大农村地区一切需要金融服务的社会团体，尤其应惠顾于被传统金融体系所忽视的弱势群体。普惠型农村金融体系强调要从广度和深度上进一步完善农村金融体系，依靠技术革新和政策支持来推动金融市场向那些更加贫困和更加偏远的地区开放，并提供种类更加丰富、价格更加合理的金融产品。同时，要从观念上“扶正”微型金融的地位，不再将其边缘化，而是将其视为国家整体金融发展战略的组成部分，大力发展微型金融和小额信贷，从而最大限度地扩大金融覆盖面。

课题研究详细阐述普惠型农村金融体系的基本内涵和理念，论证了我国构建普惠型农村金融体系的必要性和可行性，总结了国内外普惠金融服务实践情况及经验，从四个层面分析影响我国普惠型农村金融体系构建的主要因素。从客户层面，分析了我国农村金融需求主体及农村金融信贷约束；从微观层面，分析了我国农村金融的供给主体，同时定性阐述了农村金融排斥现象，指出破解金融排斥态势的最优途径是构建普惠型农村金融体系；从中观层面，分析了我国农村金融市场的现状及存在的问题；从宏观层面，分析了我国构建普惠型农村金融体系的宏观经济与政策因素，同时运用 VAR 模型实证研究了农村金融体系发展与“三农”经济的动态关系。

课题研究以构建普惠型农村金融体系目标为基点，以客户层面为中心，从微观层面、中观层面、宏观层面设计普惠型农村金融体系。即分别从组织体系和普惠型金融产品体系来构建微观层面——金融服务提供者及产品；从包含支付体系等市场基础设施、包含信用体系及担保体系的信息管理服务、技术服务支持和网络支持组织等四个方面来构建体系中观层面——金融市场建设及相关服务；从普惠金融的战略地位与政府角色、激励与约束制度政策体系和监管体系三个方面构建了体系宏观层面，从而构建了满足我国农村多层次金融需求的，功能完善、分工合理、产权明晰、管理科学、监管有效、竞争适度、优势互补、可持续发展的普惠型农村金融体系，将包括落后地区和低收入人群在内的农村金融服务有机地融入于微观、中观和宏观三个层面的金融体系，普遍地惠及被排斥于金融服务之外的大规模的贫困和中低收入客户群体。

课题提出了促进我国普惠型农村金融体系建设的对策，主要从四个方面入手：着力于发展新型农村金融机构和推广小额信贷等微型金融服务，认为放宽新型农村金融机构的准入条件，大力发展村镇银行等新型农村金融机构，同时鼓励发展适合农村特点和需要的小额信贷和微型金融服务；着力于建立健全的农村信贷担保运行机制，加大政府对农村信贷担保体系建设的支持力度，建立政府扶持、多方参与、市场运作的农村信贷担保机制；着力于逐步引导农村林地等土地经营权进入金融领域，充分利用我国林业资源丰富，积极推广林权抵押贷款。探索土地抵押贷款模式，逐步引导农村土地使用权进入金融领域；着力于发展农村保险以降低普惠金融业务风险。建立多元化的农村保险机构、农村保险产品合作开发机制、融资与保险配套合作机制和健全再保险市场体系。

目　录

Contents

1 绪 论

1.1 研究背景

金融是现代经济的核心，农村金融是我国金融体系的重要组成部分，对推动农村经济的发展起着至关重要的作用。中国是一个农业大国，农民占全国总人口中一半以上，因此农村经济的发展关系着整个中国经济的发展。近几年来，农村经济增长速度趋缓，农民收入下降，“三农问题再度成为上上下下关心的焦点问题，农村基础设施脆弱、农村社会事业发展滞后、城乡居民收入差距扩大在很大程度上制约着我国工业化、城镇化的进程。我国农村金融体制历经数次改革，目前已基本形成了农信社、邮政储蓄银行、农业银行为主体的农村金融体系。但面对农村经济的发展和农民日益增长的金融服务需求，现有的农村金融体系必须与时俱进、开拓创新，才能适应农业和农村经济发展的需要。

2004－2017年，我国连续十四个中央一号文件都对农村问题进行了部署，对农村金融改革和发展起到了主要的推动作用。近年来，我国积极深化农村金融改革，创新农村金融服务方式和产品，重视发挥农村金融对“三农”经济的推动作用。但是随着改革的深入，现有农村金融体系的弊端日益明显，其突出问题是服务越来越倾向于价值取向较高的客户，有发展潜力的中小企业、微型企业、个体经营者、农户或者自然人客户得不到充分的金融服务。如何破解农村金融排斥态势，保障金融服务享用权的公平性，让广大农村地区所有有金融需求的群体都可以平等的享受金融服务，从而更好地发挥农村金融作为农村经济的核心作用就显得越发重要。我国应抓住深化城乡改革的历史机遇，积极构建满足和适应我国农村普惠型的农村金融体系，普遍惠及于广大农村地区一切需要金融服务的社会团体，尤其应惠顾于被传统金融体系所忽视的弱势群体。普惠型农村金融体系强调要从广度和深度上进步完善农村金融体系，依靠技术革新和政策支持来推动金融市场向那些更加贫困和更加偏远的地区开放，并提供种类更加丰富、价格更加合理的金融产品。同时，要从观念上“扶正”微型金融的地位，不再将其边缘化，而是将其视为国家整体金融发展战略，大力发展微型金融和小额信贷，从而最大限度地扩大金融覆盖面。

我国农村金融改革关乎“三农”问题的解决，关系经济包容性增长与社会和谐稳定。近年来，我国积极深化农村金融改革，创新农村金融服务方式和产品，重视发挥农村金融对“三农”经济的推动作用。但是随着改革的深入，现有农村金融体系的弊端日益明显，其突出问题是服务越来越倾向于价值取向较高的客户，同时将有发展潜力的中小企业、微型企业、个体经营者、农户或者自然人客户被排斥在金融服务范围之外，很大部分低收入人群和微小型企业只能通过非正规金融途径才能获得他们需要的金融服务，当然这些金融服务不仅是不可持续的。我国农村金融服务体系还不完善，农村金融供求的矛盾依然突出，农村金融信贷约束依然明显，农村金融排斥现象严重。

近年来，我国政策层面的支持对农村金融改革和发展起到了主要的推动作用。国家支农惠农政策为农村普惠金融发展提供了良好环境。开展农村保险为我国农村普惠金融的发展创造了良好条件。创新农村金融产品与金融服务为我国农村普惠金融发展提供了新途径。农村金融是整个金融体系中最薄弱的一个环节，在偏远落后的贫困地区，金融环境比较差，商业性金融机构为追求经营效益，对部分乡镇机构进行了大规模撤并，形成了“零金融机构乡镇”，导致这部分农村地区金融服务严重缺位，并形成了金融服务空白。农村地区存在的金融空白为我国农村普惠金融的发展带来了契机。

推进农村金融深化改革和发展的内外部条件已经成熟，作为在支持“三农”发展中发挥关键作用的农村金融机构，应抓住这一难得的历史机遇，构建适应和满足我国农村多层次的金融需求，功能完善，分工合理，产权明晰，管理科学，监管有效，竞争适度，优势互补，可持续发展的普惠性的农村金融体系，普遍惠及于广大农村地区一切需要金融服务的社会经济体，尤其应惠顾于被传统金融体系所忽视的贫困群体。普惠金融是首次在 2005 国际小额信贷年推出的一个概念，它强调应把具有可持续发展潜力的小额信贷纳入正规金融体系，从而把那些被排斥于传统金融服务和整体经济增长轨道之外的农村低收入者纳入农村金融服务范围，使其分享到经济增长所带来的福利改善。

普惠金融体系强调要从广度和深度上进一步完善金融体系，依靠技术革新和政策支持来推动金融市场向那些更加贫困和更加偏远的地区开放，并提供种类更加丰富、价格更加合理的金融产品。同时，也要在观念上进行更新，推进多层次金融机构建设，运用政府推动大力发展微型金融，将扩大金融覆盖而作为国家整体金融发展战略，从而最大限度地提供金融服务。

1.2 研究目的

本研究从我国农村金融体系面临的“三农”经济环境出发，深入剖析我国农村金融体系所遇到的金融供需矛盾、农村金融排斥现象严重等问题，在借鉴国外农村金融体系经验的基础上，构建适应我国新农村发展要求的多层次、广覆盖、可持续的普惠型农村金融体系。

1.3 研究意义

1.3.1 理论意义

本研究致力于在农村金融改革背景下，对我国新农村普惠型金融体系构建中亟待解决的理论和实际问题进行研究，符合党的十七大报告、中共十七届三中全会的《中共中央关于推进农村改革发展若干重大问题的决定》以及党中央连续七年发布的“三农”工作的一号文件的战略导向与政策取向。近年来来，我省金融发展取得了长足进步，但就金融发展的地域结构看，城乡金融发展很不协调且呈加剧之势，农村金融抑制严重，金融二元结构特征十分突出，金融排斥现象日益明显，正规金融在农村金融市场的渗透率和覆盖面远不能满足农户和农村中小企业的需求。农村金融边缘化，农村金融对“三农”的支持乏力，已经成为社会主义新农村建设的重要制约因素。基于此出发点，本课题致力于对我国新农村金融体系建设急需解决的理论问题的研究。即论证新农村建设必须坚持以发展农村经济为中心，而发展农村经济离不开农村金融的支持，从而为新农村金融体系的构建及确立其在新农村经济发展中的战略地位提供理论支撑，以体现本课题研究的科学价值。

1.3.2 实践意义

我国经济发展的基础在于农村改革的深化和农业产业的现代化，推进新农村建设，发展现代农业，繁荣农村经济，保持粮食生产的稳定增长，对于全国具有重大而深远的意义。金融，作为现代经济的核心，作为农业经济资金生产要素供给的要部门，农村金融体系的构建与完善是农村整体发展的重要支持和保证，在农村经济发展中具有领先发展的优势和要求。课题从农村金融体系的整体着眼，研究影响农村金融供求的深层次原因，建立一个更完善、更有活力的真正为建设新农村服务的普惠型农村金融体系，推广小额信贷等农村金融产品，引入竞争机制，对完善农村金融制度，真正为新农村建设服务，实现我国农村全面发展、构建和谐社会的长期需求，体现本课题研究的应用价值和现实意义。

1.4 国内外研究综述

1.4.1 国外研究综述

国外对于农村金融制度改革的研究起步较早，自20世纪60年代就已把金融发展理论运用到农村金融领域。主要研究有：

1. 农村金融体系研究。20世纪80年代以前，农村金融理论以农业信贷理论为主，该理论认为要解决农村资金不足的问题，需要从外部引入政策性资金，通过非盈利性的专门金融机构进行资金分派，从而缓解农村贫困，增加农业生产投入。通过银行在农村的分支机构和信用合作社，向农村注入大量政策性资金以消灭非正规金融对农业发展的阻碍。农村金融市场理论强调市场机制的作用，认为低息政策妨碍了农村居民向金融机构贷款，抑制了金融发展。同时苏布拉塔加塔克、肯英格森特的研究表明，发展中国家乡村银行数量的不足、农村金融机构营业活动的正规性，以及营运成本数额较大等原因，使其一般不会把农民视为重要顾客，致使其没有取得较大的进步。市场机制并不是万能的，合理的政府干预对于稳定金融市场是必要的，在实践中“不完全竞争市场理论”逐渐取代“农村金融市场论”，该理论认为要培育稳定有效率的金融市场，减少金融风险，就需要合理的政府干预，以弥补市场失效的部分。之后出现的金融结构论的核心在于阐述了金融结构变化对促进经济发展的作用，而金融结构变化来源于特定条件下的金融制度安排与体制构建，即特定时期内国家的金融运行机制及其效率。戈德史密斯的金融结构理论对于新兴市场国家的农村金融体系改革与重构具有一定的意义。

在农村金融管理体制研究方面，主要集中在对政府与农村金融体系的关系及其干预方式和程度的研究上。Jacob Yaron（1988）强调政府应致力于建立一个有力的政策环境，减少对农村信贷的直接干预；Hellman and Stieglitz（1998）通过“金融约束”理论指出了市场的不完善性以及政府干预农村金融发展的必要性，使得在实践中“不完全市场理论”逐渐替代“农村金融市场论”而占主导地位；Hugh T. Patrick（2002）在农村金融市场及其供求关系研究方面，主要是基于对需求追随模式和供给领先模式的分析，强调农村金融组织及相关服务的供给先于农村经济主体的需求；Shaw and Mckinnon（1998）由于金融抑制的存在，使得农村金融市场的发展远远落后于城市金融市场。

在农村金融组织体系研究方面，国际上普遍认同的农村金融体系主要由政策性金融、合作金融和商业性金融三种形式构成，但许多的农户贷款都遭受正规信贷约束。近年来，对于非正规金融组织的研究开始增多，Shahidur R. Khandker（2004）和 Kellees. Tsai（2006）研究表明正规贷款和非正规贷款在农业发展中起着同等重要作用（微观金融的潜在客户仍在很大程度上依赖于非正规金融组织）。

2. 普惠金融体系发展研究。国外对于“普惠金融”的研究源于 20 世纪 80 年代。研究背景为发展中国家以服务于贫困或低收入群体的小额信贷运动的兴起和发展。普惠型金融体系的提出标志着享受金融服务作为社会个体的基本权利得到基本确立。联合国率先在宣传 2005 小额信贷年时广泛运用了这个词汇。随着实践的不断发展，普惠金融理论逐渐形成了强调社会发展目标与机构财务的可持续性并重的制度主义学派和强调普惠型金融的扶贫目标和宗旨的福利主义两大学派。最新的实践主要是讨论如何提高普惠型小额信贷运作机制的效率。对此，国外学者主要对两方面进行了较充分的研究：一方面是原有开展小额信贷的非政府组织（NGO）如何转变为正规金融组织，从而确保机构的可持续发展（Jeffrey Poyo and Robin Young，1999；Nimal A. Femando ，2003）。另一方面是正规金融机构开展小额信贷业务，存在许多优势（Liza Valenzuela，2001）。作为制度主义普惠金融的倡导者，2004 年 12 月世界银行扶贫协商小组（CGAP）在《建设普惠型金融体系—捐赠人小额信贷实践指导方针》中提出，一方面是强调普惠型金融体系要为所有人服务，包括穷人和微型企业；另一方面，要把小额信贷整合到金融体系当中，在法律政策和融资渠道上给予更广阔的发展空间。目前，国际普惠金融的发展出现了五大趋势，即服务对象的多元化，信贷管理方式的多样化，机构和服务内容的多元化，机构规模的扩大化和机构的商业化。

农业在国民经济三大产业中属于弱势产业，所以各国的农村金融体系都带有国家扶持的色彩。其中，美国农业政策性金融主要支持农业生产的多样化和农业生产结构的调整，如美国政府有农场贷款补贴、商品贷款补贴、农产储藏设施贷款补贴、作物保险补贴等农业信贷补贴。Heywood W. Fleisig（2003）研究了有效农村金融市场的法律规定和约束，指出任何国家的农村金融市场运作依赖于法律基础，应加强立法建设，如保证农村金融安全的法律框架、农村金融机构准入和推出农村金出台相应的法规、制度来规范本国的农业政策性金融活动，如美国的《农业信贷法》。

目前，西方经济学家们较多研究金融与经济发展的互动效应，国外对发展中国家农村金融的研究可以以世界银行的综合研究报告为代表，报告中将农村金融的目标定位在增加农民收入和促进农村经济增长两个方面。同时，该报告还对农村金融市场运行效率较低的原因进行了分析，认为政策环境不当、法律和监管体系不够健全及市场失灵等是其致命弱点。

在欠发达国家，创新性、专业化的小型金融机构向贫困阶层发放小额信贷，并取得了显著的成效。其成功经验主要有：一是涵盖特定的阶层如农户；二是贷款逾期率非常低，比补贴性信贷计划的逾期率要低得多。孟加拉国、玻利维亚和印度尼西亚等国家都自上而下地发展了联保贷款等小额信贷，实现信用合作组织的减员增效。但近来的研究表明，以补贴为主要特征的小额信贷在减少贫困方面产生影响甚微，相反，会产生新的道德风险。

1.4.2 国内研究综述

1. 我国农村金融体系研究。我国关于“农村金融”的概念是在十一届三中全会以后被广泛应用的。但是，目前其概念大都被界定为“农村的金融”，即在“金融”的前面冠以“农村”的地域限制就自然被定义出来。巩泽昌（1984）张琳（1984）认为农村金融“就是农村的货币资金融通”；丁文详等（1988）“是一切与农村货币流通和信用活动有关的各种经济活动”；舒子塘（1989）“是货币、信用、金融与农村经济组成的“融合体”；李树生（1999）

"是以信用手段筹集、分配和管理农村货币资金的活动"；王绍仪（2002）"是指农村货币资金的融通"等。但是，目前这种定义存在着以下问题。一是"农村的"指向不明。是指存在于农村地理空间的，还是为农村经济服务的，这两者之间存在着主体上的巨大差距。二是对"金融"的实质理解不够。主流金融观"金融，即货币资金的融通"，是一种将其本质隐藏起来的形式化定义。"金融的实质其实并不是资金的借贷"而是财产的借贷或财产的跨时交易活动。"金融"就是信用转让的金融本质属性。因此，熊德平（2007）概述"农村金融"为在促进农村经济发展的过程中，依靠交易主体建立的信用体系，不断使农村经济货币化一金融化信用化，使信用成为农村经济发展的关键，农村金融成为现代农村经济的核心。

国内对农村金融体系的理论研究主要是对理论体系本身、运用现代金融理论分析我国农村金融现实问题进行讨论，研究内容主要集中在现实应用层面。主要研究有：在农村金融改革研究方面，白钦先（2000）从发展金融学的角度，指出政策性金融可持续发展必须实现六大协调均衡；周小川（2004）把我国农村金融改革可以分为广义和狭义两个范畴；茅于轼（2006）提出我国农村金融改革自由、开放的大方向已经确定，新型金融机构的股东组成上要进一步放开；张杰（2005）从农村金融改革的方向应该着眼于理解正式金融与非正式金融应有的地位，改革的方向应遵循农村经济发展水平的非均衡性、金融生态与金融资源配置的内在均衡逻辑；冉光和（2008）认为长期形成并不断自我强化的利益体制是农村金融制度变迁路径依赖的根本原因。张杰，尚长风（2006）经过研究发现政府干预的方向与基础要以农村经济现状与制度结构的现实需求为基础；阮红新（2006）提出应根据区域经济差异有效地进行政府干预的制度安排。应以普惠金融体系理念，促进农村金融改革与发展。

在农村金融市场及其供求关系研究方面，涂高文（2005）、黄卫红（2006）从不同角度研究表明，我国农村金融市场上存在着严重的金融抑制；王芳（2005）根据中国农村金融需求的特征：典型的小农家族金融需求，建立与之相适应的一个多层次、梯度化的农村金融制度。在农村金融组织体系研究方面，蔡则祥（2003）提出建立"双重四元农村金融组织体系"的构想。顾海峰（2009）应该从农户的金融服务需求，重构我国现代农村金融组织体系。

2. 我国普惠金融体系发展研究。国内对普惠金融的研究相对较晚，2006年3月在北京亚洲小额信贷论坛上，焦谨璞正式提出了普惠型金融体系的概念，并构建了普惠金融的理论框架和构建普惠金融体系的重要性。几年来，许多专家学者一直专注于我国普惠金融的研究和实践。普惠型金融在促进就业、增加内需以及减少收入差距、城乡差距上都能起到重要作用。从这种意义上来说，中国应该加快普惠金融发展，走在普惠型金融的前列。马洪范等从财政方面提出了构建普惠金融体系的建议。韩俊（2009）指出普惠型农村金融体系亟待建立，并提出相应的对策建议，呼吁加快建设普惠型农村金融体系杜晓山研究了中国小额信贷的类型和实践中的具体操作，指出完善的普惠型金融体系除了强调微观金融机构治理机制的健全外，还要求为微观金融服务提供者降低交易成本。在宏观层面上，杜晓山（2006；2010）认为普惠型金融体系要求建立适宜的法规和政策框架。普惠金融体系建设离不开各类金融机构的广泛参与。张海峰（2010）认为商业银行在参与普惠金融体系建设上须找准自身定位，选择合适途径，并注意控制风险。丁志国（2011）等运用2000－2008年我国省级面板数据，检验了农村金融发展对减少农民贫困的作用。研究表明，我国农村金融发展对减少农民贫困的作用，既存在直接效应，也存在间接效应。王鸾凤（2012）通过研究湖北省农村金融对扶贫的影响，发现农村金融机构覆盖率持续扩大，信贷投放量不断增多，而服务主体单一；信贷结构不断优化；金融创新能力增强，但农村金融排斥严重。

1.4.3 研究综述

国外对于农村金融制度改革的研究起步较早，宏观理论研究较深入，并形成了体系较完善的农村金融理论。国内对于农村金融改革问题的研究上虽已积累了大量文献，并在理论研究和实践推广方面取得了许多突出成果，但是存在的问题和争论仍较多，农村金融改革问题的许多方面仍处于试点和摸索阶段。国内研究的薄弱环节主要体现在：农村金融供求的研究中缺乏对影响市场供求及市场主体行为深层次因素的剖析，对农村金融竞争的特殊性及其规律缺乏有效分析；农村金融体系构建与社会主义新农村建设的内在关联尚未得到充分的说明；新农村普惠型金融体系结构及关系的探索还未充分展开；对农村金融组织体系的研究大多局限于金融机构视角和单一市场作用的发挥，对政府引导与市场作用相互协调机制重视不够等，如农村信贷的供给应如何保证公益性、政策性和商业性协调一致等问题。由此可见，关于新农村普惠型金融体系构建与完善的研究空间深邃，亟待进一步拓展与深入。

1.5 主要研究内容和方法

1.5.1 研究思路

1. “三农”经济是农村金融体系面临的经济环境和生存基础，从实证角度分析我国农村金融体系与农业发展、农民收入、农村经济的关系，以求发现它们之间的某些规律来指导我国农村金融体系的构建。从而为有效地构建农村金融体系以满足“三农”经济需求提供理论和现实的基础。

2. 提出一个全新的视角，即用普惠金融体系的框架，从客户层面、微观层面、中观层面、宏观层面，重点分析了影响我国普惠型农村金融体系构建的因素，深入分析农村金融供需矛盾的特征，考察农村金融体系的构成对金融供给的影响，及确定影响供求各因素的相关关系；同时运用金融排斥理论，科学评价和分析我国农村地区金融排斥现象：弱势农民、弱势农村地区被排斥在现有金融体系提供的金融服务之外。

3. 围绕我国新农村经济发展及金融体制改革的内在要求，从微观层面、中观层面和宏观层面设计出我国农村普惠型金融体系，积极探索适合普惠金融发展的组织体系、产品体系、市场体系、监管体系和运行保障体系；最后动态把握农村金融体制改革方向，提出具体的对策建议。

1.5.2 主要内容

第一章：绪论。本章阐述研究背景和意义，对国内外研究现状进行回顾，介绍普惠金融体系的研究进程，阐述本课题所用的主要方法。

第二章：构建普惠型农村金融体系的理论基础。本章介绍普惠型农村金融体系的基本概念和相关基础理论。在详细阐述普惠型农村金融的基本内涵和理念的基础上，对其从构建普惠型农村金融体系的必要性和可行性方面进行了经济学分析，同时介绍了国内外普惠金融服务实践情况，并从中得到构建我国普惠型农村金融体系的重要启示。

第三章：分析我国各金融区域农村金融市场的现状及存在的问题。分别为发达地区农村金融市场的现状及存在的问题、较发达地区农村金融市场的现状及存在的问题以及欠发达农村金融市场的现状及存在的问题。

第四章：构建我国普惠型农村金融体系的影响因素分析。本章从四个层面分析影响我国普惠型农村金融体系构建的主要因素，从客户层面，分析了我国农村金融需求主体及农村金融信贷约束；从微观层面，分析了我国农村金融的供给主体，同时定性阐述了农村金融排斥现象；从中观层面，分析了我国农村金融市场的现状及存在的问题；从宏观层面，分析了我国构建普惠型农村金融体系的宏观经济与政策因素，同时运用VAR模型实证研究了农村金融体系发展与“三农”经济的关系。

第五章：我国普惠型农村金融体系的具体构建。以我国普惠型农村金融体系的构建为中心，从体系构建目标为基点，提出体系构建的原则，最后设计出体系的基本框架，即包含客户层面、微观层面的金融服务提供者及产品、中观层面的金融市场建设及相关服务、宏观层面的政府政策及监管。最后，即分别从组织体系和普惠型金融产品体系来构建体系的微观层面——金融服务提供者及产品，从包含支付体系等市场基础设施、包含信用体系及担保体系的信息管理服务、技术服务支持和网络支持组织等四个方面来构建体系中观层面——金融市场建设及相关服务，从普惠金融的战略地位与政府角色、激励与约束制度政策体系和监管体系三个方面构建了体系宏观层面。

第六章：促进我国普惠型农村金融体系建设的对策建议。本章提出了促进我国普惠型农村金融体系建设的对策，主要是四个着力点：着力于发展新型农村金融机构和推广小额信贷等微型金融服务；着力于建立健全的农村信贷担保运行机制；着力于逐步引导农村林地等土地经营权进入金融领域；着力于发展农村保险以降低普惠金融业务风险。

1.5.3 研究方法

1. 理论和实践相结合的方法。从金融发展、农村金融和系统理论出发，分析农村金融体系构建的重要性、体系的结构、体系构建的方法。进而联系到我国农村金融的实践，分析影响构建普惠型农村金融体系的主要因素，如供求、市场、政策等，最后以理论和实践相结合的方法，构建了我国普惠型农村金融体系。

2. 定性和定量分析相结合的方法。运用定性分析法，阐述了影响普惠型农村金融体系构建的主要因素，同时，结合定性分析法，实证考察了我国农村金融排斥现象严重，运用VAR模型，考察了我国农村金融体系的各变量与“三农”经济之间的动态关系。

2 构建普惠型农村金融体系的理论基础

2.1 普惠型农村金融体系的基本概念

2.1.1 普惠型农村金融体系的内涵

在2005国际小额信贷年联合国首次推出“普惠金融”的概念，其核心理念最早可追溯到15世纪罗马教会设立的当铺；到了20世纪70年代，现代意义上的小额信贷逐渐形成，尤其是孟加拉乡村银行的成功试验，掀起了小额信贷的全球化浪潮；20世纪90年代小额信贷又开始过渡到微型金融。它强调应把具有可持续发展潜力的小额信贷纳入正规金融体系，从而把那些被排斥于传统金融服务和整体经济增长轨道之外的农村低收入者纳入农村金融服务范围，使他们分享到经济增长所带来的福利改善。

普惠金融概念最早由杜晓山、焦瑾璞引入我国。普惠金融是能有效、全方位地为社会所有阶层尤其是弱势群体提供金融服务。普惠金融体系（inclusive financial system）的基本含义是：能有效、全方位地为社会所有阶层和群体提供服务的金融体系，尤其是要为目前金融体系并没有覆盖的社会人群提供有效的服务。我国在融资端，传统金融机构的“二八定律”理念长期根深蒂固，金融资源更多地向“头部”领域20%的高中端客户倾斜，而剩余80%的小微企业、“三农”、社区居民等“尾部”领域，由于信息不对称、缺乏信用评估和抵押物，加之交易金额小、运营成本过高，产生了金融排斥。党的十八届三中全会，“普惠金融”第一次正式写入党的决议。提出普惠金融，就是能够有效、全方位地为社会所有阶层和群体提供服务的金融体系，主要任务就是让列于正规金融体系之外的农户、贫困人群及小微企业，能及时有效地获取价格合理、便捷安全的金融服务。

普惠型农村金融体系的内涵是指只有将包括以穷人为对象的金融服务有机地融入农村金融体系，才能使过去被排斥于金融服务之外的大规模弱势群体获益，并最终使这种包容性的农村金融服务体系能够对社会中的绝大多数人，包括向过去难以到达的更贫困和更偏远地区的客户开放金融市场。普惠金融体系是包容性的，是指普遍惠及那些弱势的群体，弱势的地区，弱势的产业的金融服务的制度、组织和市场，让所有需要的人都得到适当的金融服务。中国人民银行行长周小川在《人民日报》上撰文指出，中国发展普惠金融将“坚持民生金融优先，满足人民群众日益增长的金融需求，让金融改革与发展成果更多更好地惠及所有地区特别是贫困地区。”

普惠金融强调的是金融服务的公平正义、服务对象的普惠和包容性，要求做到对一切需要金融服务的群体无论是富人还是穷人，都应得到公正的金融服务享用权和机会。由此可以发现四个主要特征：一是在金融服务对象和区域上，要惠及所有群体，特别是关注弱势群体，关注与民生密切相关的社区生活，关注弱势地区，包括交通不畅和不适宜人类生活的偏远地区；二是在服务产品上，至少应保证提供基础性的金融服务；三是在服务价格与方式上，要价合理、安全便捷；四是在金融服务的可持续性，要以金融机构的商业可持续性为前提来推动其履行社会责任。

2.1.2 普惠型农村金融体系的理念和目标

普惠型农村金融体系的理念是满足所有需要金融服务的人，包括所有地区，穷人、富人等，所有有需求的人都可以平等地享受金融服务。只有将包括以穷人为对象的金融服务有机地融入金融体系，才能使曾经被排斥在金融体系之外的弱势群体从中获益。有金融服务需求的人群，都可以在普惠金融内公平的享有金融服务权利，包括对贫困以及偏远地区的客户开放金融市场。普惠型农村金融体系体现的实质是信贷的机会公平权，金融融资渠道享用权的公平问题。

与传统金融的不同点在于，普惠金融强调全社会公平享有金融服务的权利。高收入人群可以通过金融满足理财、投资、消费等众多需求，而低收入人群可以通过金融满足理财、投资、消费等众多需求，而低收入人群也有能力享有金融服务的权益，这是一个公平的服务广大人民群众的金融服务体系框架。普惠型农村金融体系的目的不是打压优势群体，而是强调要扶住弱势群体。不是否定现有农村金融体系，而是在肯定现有农村金融体系的基础上，更加突出为农村地区、为弱势群体提供金融服务的金融产品、金融机构、运行机制（如微型金融、合作金融、民间金融），让这些将为低收入人群而设立的金融服务作为国家主流金融体系的一部分。这样能充实现有金融体系，使之更加完整全面，更加普惠。普惠型农村金融体系不是对现有农村金融体系的否定，而是对现有农村金融体系的发展和完善。

2.1.3 普惠型农村金融体系的基本特征

1. 强调公平原则。普惠性金融体系是将被传统金融长期排斥在外的中低收入群体纳入其服务范围之内，为全体人员提供能够获得多样性金融服务的平等机会，享受全方位的金融服务。

2. 强调金融机构的高效率。普惠型农村金融体系强调在健康的金融管理体制下和有效的金融调节机制下，由金融机构作为金融中介完成的或由融资双方或多方在市场服务体系下实现的金融资源的最优配置。机构将金融服务延伸到更贫困、更偏远农村的客户群体的同时又力求降低客户群体和金融机构双方的成本，使其在业务覆盖面以及可持续发展上达到均衡。

3. 强调金融体制的稳定性。普惠型农村金融体系是在一个能够促进效率、控制风险和提高盈利能力的框架下稳定运行，在农村金融机构、金融市场与金融监管部门之间形成良性互动的同时，在农村金融市场结构、资金配置结构以及信贷结构上也能够保持稳定。

4. 强调与经济结构的相融性。普惠型农村金融体系应与我国农村经济结构性特征、发展水平以及建立全面、协调、可持续经济发展战略的目标相适应，并在这样的框架内得到进一步的补充、完善和发展。

5. 强调组织形式的互补性。普惠型农村金融体系应包括政策性、开发性、合作型和商业性等金融机构以及小额信贷机构、担保公司、租赁公司等创新型金融组织形式，这些机构在具有可持续发展的制度基础和政策环境下，分工合理、功能互补、有序竞争、协调发展，形成一个相对完整的金融体系。

6. 强调金融服务的多元化。普惠型农村金融体系不仅为客户提供传统意义上的小额贷款服务，还为其提供包括小额保险、债券、转账、担保等多种形式的金融服务和金融产品，满足农村经济结构的多样化和农村客户收入结构的差异化特征。

2.2 普惠型农村金融体系的相关理论

构建我国普惠型农村金融体系需要详实的基础理论支撑，主要以金融发展理论、农村金融理论、内生增长理论为基础。

2.2.1 金融发展理论

金融发展理论，主要研究的是金融发展与经济增长关系，即研究金融体系（包括金融中介和金融市场）在经济发展中发挥的作用，建立有效的金融体系和金融政策组合以最大限度地促进经济增长和实现金融的可持续发展并最终实现经济的可持续发展。金融发展理论极大影响包括金融政策在内的宏观经济政策，严重影响金融改革的方向和进程，影响整个经济增长和发展。金融发展理论是一个逐步完善的理论，它包括货币金融论、金融结构论、金融深化理论、金融内生理论、金融排斥理论。

1. 货币金融论。Gurley（1955）在《经济发展中的金融方面》中和 Shaw（1956）在《金融中介机构与储蓄—投资》中分别通过建立一种由初始向高级、从简单向复杂逐步演进的金融发展模型，以此证明经济发展阶段越高，金融的作用越强的命题，揭开了金融发展理论研究的序幕；1960 年，他们在《金融理论中的货币》中试图建立一个以研究多种金融资产、多样化金融机构和完整金融政策为基本内容的广义货币金融理论。两位学者于 1967 在《金融结构与经济发展》中试图发展一种包含货币理论的金融理论和一种包含银行理论的金融机构理论，并重申金融的发展是推动经济发展的动力和手段。

首先，他们较准确地概括金融与实体经济的关系。他们认为，经济发展是金融发展的前提和基础，金融的发展是推动经济发展的动力和手段；金融发展不仅表现在各种非货币金融资产的涌现及其数量，也表现在各种非银行金融机构的建立和发展。其次，揭示了现实金融体系的结构。它们将金融市场划分为初级证券市场和间接证券市场，后者进一步划分为货币市场和非货币的间接证券市场。再次，对金融体系存在的重要性及其与实体经济运行的关系，储蓄和投资的不恒等是金融制度存在的前提，是债务、金融资产以及金融机构存在的基础。此外，资金从储蓄者向投资者的转移需要一定的金融制度来完成。最后，商业银行是唯一能够提供活期存款机构，但是其他金融机构也能创造某种独特的金融债权凭证，并分享商业银行信用创造的能力，只有能力和程度的不同而无本质的区别。

总之，他们较清晰地描述了经济与金融的关系，以及金融体系的各种复杂内部关系，首次把中央银行、商业银行及非银行金融机构放在同一个体系内，研究其与经济运行的关系，极大地拓展了货币金融的研究视野，对金融机构组织体系提供一个比较完整的结构。这对普惠型农村金融体系的研究具有启发和借鉴意义。

2. 金融结构论。耶鲁大学经济学家 Raymond W Goldsmith（1969）在其著作《金融结构与金融发展》中对经济增长与金融结构关系进行开创性研究，把金融结构、金融机构和金融工具三个方面归纳为全部金融现象。Goldsmith 开创性的指标化了金融发展水平，这些指标包括金融相关率指标和反映金融结构差异的一系列其他指标，他还通过横向和纵向比较分析 1860 - 1936 年间 35 个国家的详尽统计资料，确定出一条通用于各国金融发展的道路。

其贡献重要包括：首先，提出金融结构和金融发展水平的指标。其一是金融相关率（Financial Interrelations Ratio，FIR）。它指一定时间上现存的金融资产与国民财富之比。有关 FIR 的变化规律是：FIR 呈现不断提高趋势，但是 FIR 提高是有限度的，在达到一定的阶段后，趋于稳定；发展中国家的 FIR 比发达国家要低得多，FIR 值与经济发展水平有着正相关关系，发展中国家 FIR 的提高比发达国家要快得多，潜力也大得多。其二是金融结构，是指金融工具和金融机构在一定时期内的组成状况。一国不同发展阶段的经济应有不同的金融结构。随着经济的发展，FIR 比率提高，股权凭证的比率逐步提高，银行体系的地位逐步下降，储蓄机构和私人及公共保险组织地位逐步上升。

其次，分析金融体系演变规律。以经济发展水平为标尺，研究了金融体系演变问题，得出以下结论：现代意义上的金融发展都是从银行系统开始的；随着经济的不断发展，银行系统的资产在金融机构资产总额中的比例会下降，非银行金融机构的比重会上升；对于多数发展中国家而言，先进国家的示范作用很重要，金融体系模式有从发达国家向发展中国家的扩散趋势；随着社会财富的不断积累，社会财富具有金融资产机构化趋势。最后，揭示了金融发展水平和经济增长之间的相关性。金融结构论的核心在于阐述了金融结构变化对促进经济发展的作用，而金融结构变化来源于特定条件下的金融制度安排与体制建构，即特定时期内国家的金融运行机制及其效率实现。

金融结构论的影响和启示。其一是，金融结构论为此后的金融研究提供了重要的方法论参考和分析基础。其二是，根据金融结构论，农村金融体系的完善与否对农村经济影响巨大我国农村金融体系不完善一个突出的表现是，农村弱势群体无法享受金融服务，农村金融边缘化、脆弱化，农村金融资源短缺与农村金融资源外流并存，严重影响我省农村经济的增长。总之，戈德史密斯的金融结构理论对于构建适应黑龙江省新农村要求的普惠型农村金融体系仍具有重要的借鉴意义。

3. 金融深化理论。McKinnon（1973）在《经济发展中的金融深化》和Shaw（1973）在《经济发展中的货币与资本》中分别提出以发展中国家或地区金融和经济发展为研究对象的“金融抑制论（Financial Repression）”和“金融深化论（Financial Deepening）”，两种理论一起被称为“金融深化理论”，对金融体制和经济发展之间的相互关系以及发展中国家或地区的金融发展具有独到精辟见解，因而该理论被认为是发展经济学和货币金融理论的重大突破，对许多发展中国家或地区的货币金融政策和实践都产生深远的影响。

该理论主要包括：首先，分析金融体制和经济发展之间的相互关系。他们认为，二者之间存在着相互促进、相互制约的关系。健全的金融体制，能够将储蓄资金有效地动员起来，并引导到生产性投资进而促进经济发展；蓬勃发展的经济和不断之间的国民收入对金融服务需求也大量增加，反过来刺激金融业的发展，形成互相促进的良性循环，这往往是发达国家的实际情况。然而，许多发展中国家的情况是，缺乏效率的落后金融体制束缚了经济发展，呆滞的经济反过来又限制了资金的积累和降低对金融服务的需求，从而制约金融业的发展，结果是金融与经济发展互相制约，金融体制与经济发展陷入恶性循环。其次，给出他们自己的理论解释——“金融抑制”。他们认为，这是由于发展中国家选择的普遍错误的金融政策和金融制度所致，通过实行过分干预或管制的金融政策，人为压低利率、汇率所造成的金融体系与实际经济严重脱节，并造成二者同时呆滞落后，这种现象就是“金融抑制”。最后，提出政策建议——“金融深化”。他们认为，应该放松对各类金融机构的干预和管制，对金融实行自由化。取消对利率压制，使其形成均衡的市场利率，保障能够真实地反映资金的实际供求状况，进而调节资金供求关系，以刺激储蓄、投资的增长，从而提高储蓄率和投资率，使得金融体系和经济发展形成相互促进的良性循环，这就是“金融深化”。

理论的评述。首先是理论积极作用。其一是，对研究对象的分析比较符合广大发展中国家的实际。该理论分析发展中国家的资本市场不发达、货币化程度不高及国家对金融过度干预的情况，这些状况的的确确在发展中国家大量存在，理论一经提出就引起广泛关注，并得到广大发展中国家的认可。其二是，提出政策建议较为符合实际，如放松利率管制、放宽金融机构进入限制、促进金融竞争等，它们大多被广大的发展中国家所采纳，并有力地促进发展中国家经济发展。其次是理论不足和缺陷。第一，有以偏概全、本末倒置之嫌。把发展中国家的经济发展根本原因归因于金融发展，政策主张也过分依赖于建立有效的信贷市场，忽视对经济发展的根本影响因素，如科学技术发展、生产力和生产关系的协调；第二，有重政策轻制度之嫌。强调金融政策的改变，忽略发展中国家金融制度建设，制度对经济影响更为持久和可持续；第三，看到“金融深化”的受益，忽略其风险。对金融深化过程中出现的各种金融风险缺乏足够的认识，致使广大发展中国家在实践中出现较大的问题和偏差。

理论的学习和借鉴。首先，无论过去、现在和将来一段时间内，金融深化理论对研究对象的分析，都是符合我省实际省情的，金融抑制必然长期存在，金融自由化改革仍有借鉴意义。其次，在发展中国家的农村，金融抑制更是广泛存在，对农村影响更加严重，如农户和农村中小企业在借贷市场上经常处于弱势地位，难以从正规金融部门获得足够的借贷资金，常常被正规金融边缘化。因此，有必要借鉴金融深化理论，进一步放宽金融机构进入限制，加快普惠型农村金融体系的构建，充分发挥普惠型农村金融体系对黑龙江省农村经济增长的促进作用。

4. 金融内生理论。进入 20 世纪 90 年代以后，人们不断拓展金融发展理论研究领域，许多经济学家们如 Bencivenga，Levine，Lucas，Smith，Greenwood 等将研究拓展到金融体系存在的原因和必要性上，解释金融中介体和金融市场如何内生地形成，关注金融体系自身的运行，进一步揭示金融发展促进经济增长的内在机制和途径。

首先，他们研究都是从效用函数入手建立具有微观基础的模型。与传统的完全信息和完全理性假设不同，在模型中他们大量引入了不确定性（偏好冲击、流动性冲击）、不对称信息（逆向选择、道德风险）和监督成本（有成本的状态实证）等等，使假设更加符合实际经济状况，对金融机构和金融市场的形成做了规范性的解释。其次，他们研究都采用比较研究。20 世纪 90 年代以前金融发展理论大多认为，金融中介和金融市场之间是替代关系，而金融中介的形成和发展又早于金融市场的发展，早期经济学家更多关注金融中介内生机制。随着金融市场发展及其在金融体系中地位提升，冲击传统商业银行，研究金融市场形成机制逐渐增多。由于金融市场的作用总是相对于金融中介而存在，因此论证金融市场产生原因时，总是与金融中介比较。谈儒勇对此进行总结，认为决定金融中介形成的内在因素有：当事人不可预测（或随机的）流动性需要，即中介是“流动性蓄水池”；信息获取或监督上的比较优势导致了金融中介的形成；空间分离和有限沟通；当事人流动性偏好和流动性约束。

再次，提出了具有代表性的内生金融机构模型。其一，是 Bencivenga 和 Smith（1991）模型。在该模型中，当事人随机的或不可预料的流动性需要导致了金融机构的形成，金融机构是提供流动性，而不是克服信息摩擦。其二是 Schreft 和 Smith（1998）模型。他们认为，空间分离和有限沟通导致金融机构形成，当事人在迁移发生时需要变现其资产，面临迁移风险；为了规避这种风险，需要金融机构提供需要服务。其三是 Dutta 和 Kapur（1998）模型。他们认为，当事人的流动性偏好和流动性约束导致金融机构的形成。

最后，提出了具有代表性的内生金融市场模型。其一，是 Boot 和 Thakor 模型。该模型认为，金融中介和金融市场都是当事人的集合体；金融中介的当事人把钱存入金融中介，金融中介再把所吸收的存款贷放出去，为生产者提供资金；金融市场的当事人在市场上进行竞争并购入生产者发行的有价证券（包括债券和股票），从而为生产者提供资金；金融中介和金融市场各有优势，服务于不同类型的当事人，监督优势导致金融中介形成，信息获取和信息汇总上的优势导致金融市场形成。其二，是 Greenwood 和 Smith（1997）模型。该模型认为，门槛效应（Threshold Effect）导致金融市场形成，即金融市场的固定运行成本或参与成本导致金融市场的内生形成，具体就是，只有当经济发展到一定水平之后，有能力支付参与成本的人数才较多，交易次数才较多，其受益大于其固定成本时，金融市场才逐渐形成。两模型同时也给出了金融机构的形成机制。

总之，金融内生理论从理论的高度分析金融体系（金融中介和金融市场）产生原因和金融体系促进经济发展的内在作用机制，为构建普惠型农村金融体系来促进经济发展提供坚实的基础。

5. 金融排斥理论。金融排斥是指直接或间接地排斥穷人以及弱势群体享用主流零售金融服务，其概念在 20 世纪 90 年代中期提出。当时主要关注金融排斥的地理学分析，因为金融监管的放松、金融自由化的推进和信息科技的发展，金融机构从一些偏僻、贫困地方离开，转移至富裕地区，致使低收入人群被排斥在大多数金融服务之外。在导致城市和乡村贫困的过程中，金融排斥起了很大的负面作用。例如，穷人无法获得银行贷款，只能求助于非金融方式，如高利贷。又如，穷人无法获得保险服务，个人和家庭会有一定的社会风险。随着时代的发展，金融排斥的概念从单纯的地理分析扩展到了更广泛的金融歧视，从地理因素、社会经济因素和金融服务市场因素多方面考察金融排斥。除了地理可及性因素（geographical access），还有一些因素也会导致金融服务排斥，包括：①可及性排斥（access exclusion），即通过风险评估程序限制了客户对金融资源的可及性；②条件排斥（condition exclusion），即金融产品附属的条件不适合某些人群；③价格排斥（price exclusion），即一些人支付不起他们所需要的金融产品获取价格；④市场营销排斥（marketing exclusion），即一些人被排除在金融机构产品营销目标市场之外；⑤自我排斥（self - exclusion），即人们认为提出某些金融产品的申请后，获批的可能性很小、被拒绝的可能性很大，便自动把自己排除在获得金融服务的范围之外。澳新银行在《关于澳大利亚金融排斥的研究报告》中，从操作的角度将金融排斥分为三个层次：①核心排斥（core exclusion），即那些自愿被排斥或极度贫困的人群，他们的金融活动完全被隔离在正规金融体系之外；②可及性局限（limited access），即那些有基本的银行子账户，但缺乏金融习惯知识、金融顾问的人，很难更充分地利用金融服务；③金融涵盖，但我国农村金融市场存在严重的金融排斥现象，贫困农户是典型的“边缘借款人”。普惠金融理念的提出，对于打破金融排斥、推进我国农村金融制度改革、增加农户收入有重要作用。

金融产品不恰当就是说一些人可以使用金融产品，但对他们而言，这些金融产品并不是特别适合。澳新银行提出了一个金融排斥模型，试图将不同类型的金融排斥纳入一个框架中，从驱动因素和结果两个方面来分析金融排斥。经过研究，澳新银行得出的主要驱动因素包括：低收入、主流金融服务机构的政策（收费、产品计等）；次要的驱动因素包括：缺乏金融文化知识、习惯等。从原因和结果方面看低收入和金融排斥可能存在一个恶性循环，即从金融排斥到货币的低效率使用，从低效率使用货币导致延迟脱贫和缓解金融获取障碍到低收入，再到金融排斥。此外，澳新银行还从商业和监管环境、个人特性、宏观环境方面对金融排斥的更广泛背景进行了分析。在一份世界银行的政策报告中，区分了金融产品和服务的可及和使用并进一步区分了主动性金融排斥（voluntary exclusion）和被动性金融排斥（involuntary exclusion）。

总而言之，这种对金融排斥的成因分解有利于准确测量金融排斥的程度区分这种因素对金融排斥的影响，并制定相应的普惠金融政策。

2.2.2 农村金融理论

农村金融发展理论是金融发展理论在农村金融领域的应用与拓展，其形成与发展受到现代金融发展理论及其政策主张的影响，但由于农村金融所处环境的特殊性及其自身的特殊性，在农村金融领域（尤其在发展中国家），形成了许多独特的农村金融理论。其中有三种典型的理论分别是农村金融发展模式理论、农业补贴信贷论和不完全竞争市场论。它们对正处于经济转型阶段的我国农村金融改革与发展具有更直接和更重要的借鉴意义。

1. 农村金融发展模式理论。经济学家休·帕特里克（Hugh T. Patrick，1966）针对发展中国家的农业和农村经济发展实际情况，就关于农村金融与农业发展的关系，曾提出两种模式：需求追随模式和供给领先模式，被称为农村金融发展模式论。主要内容包括：首先，需求追随模式。该模式认为，随着经济增长，经济主体会对金融体系提供融资与服务有强烈需求，作为对这种需求的反应，金融体系将不断发展与完善，发展了的金融体系又将反过来形成对农业和农村经济增长的推动，即：伴随经济增长导致对金融融资与服务的需求扩大，进而导致金融机构扩张、金融负债与资产多样性以及相关金融服务领域深化。它强调，金融需求引致金融发展，其传导机制是：经济增长→金融需求增强→金融机构扩张→金融资产多元化→金融服务多元化。

其次，供给领先模式。该模式认为，金融机构、金融资产、金融负债以及相关金融服务的供给必须领先于金融需求，只有全面、完善的金融供给才能刺激金融需求增长，并保证满足金融需求，从而金融需求拉动投资增长，进而促进农业和农村经济增长，总之，它强调金融供给拉动经济增长的作用。其传导机制是：金融机构扩张→金融资产多元化→金融服务多元化→金融需求增强→投资增长→经济增长。

最后，模式选择的依据。他认为两种模式与发展中国家农业和农村经济发展的不同阶段相适应，即存在优先顺序问题：在农业和农村经济发展的早期（晚期）阶段，应采用供给领先模式（需求追随模式），即经济发展阶段决定金融发展模式。在早期发展阶段，金融不完善，存在金融抑制，金融供给成为农业和农村经济发展的主要约束，因此，健全和完善农村金融供给就成为促进经济发展的先决条件，发展中国家应该选择“供给领先型模式”。主要通过完善的金融服务和较高的金融利率，广泛而充分地吸收社会闲置金融剩余，使之转变为所利用经济发展储蓄金融资源。“供给领先型模式”的隐含假设是：经济社会金融供给严重不足，不完善金融体系又不能够有效动员社会的闲置金融资源。因此可依靠政府力量加强金融管制，能够在短期内有效动员社会金融剩余。但是，当经济发展到一个新的较高的增长水平时，经济发展的关键问题将由过去的供给不足转化为金融需求不足，此时金融政策方应向由供给型领导模式转向需求型追随模式；通过市场化方式，建立多元化竞争性金融体系，充分动员并有效配置社会金融资源，引致投资增长，建议政府放松甚至放弃对金融经济的管制，让市场机制发挥对经济社会储蓄金融资源的动员与配置的基础性作用。

理论的评述和启发。其一，需求追随模式和供给领先模式阐述关于农业金融和农业发展的关系，可用计量经济学中 Granger 因果检验来判断，需求追随模式的 Granger 因果检验应是经济增长是金融发展的单向 Granger 因果关系，供给领先模式的 Granger 因果检验应是金融发展是的经济增长单向 Granger 因果关系。其二，帕特里克根据农村发展的阶段来选择金融发展模式，要求在分析农村金融体系时必须对我省农村金融的发展的现状进行研究分析，以求准确把握农村发展阶段，农村金融体系建设要与我省农业和农村经济发展所处的阶段性相适应。其三，该理论强调，政府在选择金融发展模式的作用。政府应该根据经济发展阶段选择需求追随模式和供给领先模式，在不同模式政府采取不同政策。同时及时根据经济发展实际情况，转变金融发展模式。总之强调政府的作用，属于政府干预派。因此，在构建我省农村金融体系时，必须充分发挥政府的积极作用，政府不能无所作为。

2. 农业补贴信贷论。农业信贷补贴理论在 20 世纪 80 年代以前一直是农村金融理论界的主流，该理论认为，农业的发展离不开农业信贷，应该通过信贷补贴计划将贫困农户纳入发展轨道、增加低息信贷促进农业发展。

其隐含前提是：农村地区的农户是非理性的，农户、特别是贫困阶层没有储蓄能力，农村面临的是资金不足问题。由于农业的产业特性：收入的不确定性、投资的长期性、低收益性等，它也不可能成为以利润为目标的商业银行的融资对象。因此得出结论是：为增加农业生产和缓解农村贫困，有必要从农村外部注入政策性资金，并建立非营利性的专门金融机构来进行资金分配；为缩小农业与其他产业之间的结构性收入差距，对农业的融资利率必须较其他产业为低；商人发放的高利贷及一般以高利为特征的非正式金融使得农户更加穷困并阻碍了农业生产的发展，政府把大量低息的、以贫困阶层为目标的专项补贴性贷款通过银行在农村分支机构和农业信用合作组织注入农村，以将高利贷者逐出市场。

农业补贴信贷理论支持的是一种信贷供给先行的农村金融战略（亚当斯，2000）。直到现在发展中国家广泛实行这种农村金融理论的政策，实践也表明该理论的确具有相当实践价值，通过政府机构供给农村信贷有利于帮助贫困的农户；有利于消灭或削弱高利贷，对于贫穷的农户更具有吸引力；促进了农业生产增长，扩大了向农村部门的融资。同时也不可否认该理论存在严重不足：储蓄动员不力，过分依赖外援资金、贷款回收率低下、偏好向中、上层融资只能满足少数人的需要等方面的问题十分严重。对于促进农业发展、帮助农民脱贫和搭建有效率农村金融体系来说，其实践表现都不令人满意。

其失败一个原因在于假设前提错误。事实上，即使是贫困农户，也有储蓄需求。许多亚洲国家的经验表明，如果存在储蓄的机会和激励机制，大多数贫困者会进行储蓄（Adams，2002）。农村金融机构在其负债里有了更多的储蓄而不是政府借款后，他们在分配贷款时会更为谨慎和更加有效率。另一原因是严重逆向选择致使偏离政策目标。第一，以优惠利率所发放贷款的大部分并未用于农业，而被转移到非农业生产活动中，背离通过低息贷款来增加农业经济的资金投入，鼓励农户采用新技术的初衷，贷款的用途是可替换的，低息贷款不太可能促进特定的农业活动。与非农业生产相比，农业生产收益率相对较低，农户获得低息贷款时，将贷款投入到获利较高的项目就是他的首要选择；第二，不仅农户不把贷款用于农业生产，就是贷款人同样也不愿意把钱贷给农户。这同农业收益低，还贷能力差，农业生产风险性高，贷款还付拖欠率高，最终造成银行资本金不足有着直接的关系；第三，低息贷款政策偏离向穷人倾斜的收入再分配目标，实际上是对贫困农户的歧视。由于低息贷款是一种配给制，贷款程序至少有一部分是政治因素来决定的，得到优惠贷款好处的总是一些相对富有而且有权势的家庭，而穷人却难以获得贷款。因此，沃格尔（2000）认为，低息贷款的主要受益人不是农村穷人，低息贷款的补贴可能被集中并转移到使用大笔贷款的较富有的农户身上。

3. 不完全竞争市场论。随着新凯恩斯主义的兴起和20世纪90年代后拉美国家和东南亚地区都发生严重金融危机，人们认识到市场机制并不是万能的，合理的政府干预是非常重要的。产生一些比较有影响的理论，其中斯蒂格利茨的不完全竞争市场论为农村金融的研究提供了新的视角，受到越来越多的关注和重视。

首先，其论框架是：发展中国家的金融市场不是一个完全竞争的市场，尤其是放款一方（金融机构）对于借款人的情况根本无法充分掌握（不完全信息），如果完全依靠市场机制就可能无法培育出一个社会所需要的金融市场。为了补救市场的失效部分，有必要采用诸如政府适当介入金融市场以及借款人的组织化等非市场要素。

其次，其政策性建议是：金融市场发展的前提条件是低通货膨胀率等宏观经济的稳定；在金融市场得到一定程度的发育之前，比起利率的自由化来，更应当注意用政策手段将实际存款利率保持在正常范围内，并同时抑制利率的增长（存款和贷款利率）。对因此而产生的信用分配和信用需求过度问题，在不损害金融机构储蓄动员动机的同时，可由政府从外部供给资金；为促进金融机构的发展，应给予其一定的特殊政策，如限制新参与者等保护措施；在不损害银行最基本利润的范围内，政策性金融（面向特定部门的低息融资）是有效的；为确保贷款的回收，融资与实物买卖（肥料、作物等）相结合的方法是有效的；为改善信息的非对称性，利用担保融资、使用权担保以及互助储金会等办法是有效的；为避免农村金融市场存在不完全信息而导致的贷款回收率低下问题，可以利用借款人联保以及组织借款人互助合作形式。政府应该鼓励这种农户组织的形成；非正规金融市场一般效率较低，可以通过政府的适当介入来加以改善。再次，其前提假设是市场上的不完全信息问题作为“市场缺陷”可以用政府干预来解决。因此，斯蒂格里茨的结论是选择性政府干预论。经济落后、金融程度较低的发展中国家应实行政府对农村金融部门选择性的干预政策。在一定的前提下（宏观经济稳定，通货膨胀率低并且可以预测的，正的实际利率），通过对农村存贷款利率加以控制、对农村金融机构市场准入及竞争加以限制以及对资产替代加以限制等措施，来为农村金融部门和农业生产部门创造租金，并提高农村金融体系运行的效率。

理论简评。首先，该理论较为合理地调和政府与市场的关系。不完全竞争市场论是在批评强调政府干预的农业信贷补贴理论和强调自由市场的农村金融市场理论的基础发展而来，认可发挥市场积极作用的同时，强调政府在促进农村各行业部门的协调功能，发挥政府进行选择性控制的补充性功能，避免产生不利于社会大众得到的危害。其次，政策建议吸取了农业信贷补贴理论和农村市场金融市场理论的合理部分，避免一些脱离农村实际的建议。因而比较符合广大发展中国家的实际情况，目前备受理论界和各国政府的重视，对农村金融政策的制定和农村金融的研究都产生深远影响。目前我国农村金融体系构建和改革，也深受其影响，但是仍需进一步的学习和借鉴。

此外，与不完全竞争市场论不同，冯兴元等（2004）以哈耶克的“局部知识论”的角度，阐释了农村金融的信息不对称问题并不是政府干预的理由，更多地考虑了如何从知识论的角度解决不完全竞争和信息不完全问题，对构建我国农村金融体系也具有一定的参考意义。

2.3　普惠型农村金融体系的经济学分析

2.3.1　普惠型农村金融体系与一般金融体系的区别

普惠金融体系是对现有金融体系的补充和完善。现有的金融体系是经过多年的发展逐渐形成的，并随着经济的快速发展成为现代经济的核心，发挥着越来越重要的作用。但现在金融体系的弊端也越来越明显，其突出的点是服务越来越倾向于价值取向较高的客户，而忽视那些有发展潜力的中小企业、微型企业、个体经营者、农户或者自然人客户，也就是说，众多的有发展潜力的客户被排斥在金融服务对象之外，也就意味着很大部分低收入人群和微小型企业只能通过非正规金融途径才能获得他们需要的金融服务，这些金融服务存在持续性不确定、成本高或条件苛刻等负面特征，例如私人借贷、高利贷等，甚至造成社会风险。因此，普惠金融体系强调要从广度和深度上进步完善金融体系，依靠技术革新和政策支持来推动金融市场向那些更加贫困和更加偏远的地区开放，并提供种类更加丰富、价格更加合理的金融产品。同时，也要在观念上进行更新，推进多层次金融机构建设，运用政府推动大力发展微型金融，将扩大金融覆盖而作为国家整体金融发展战略，从而最大限度地提供金融服务。

2.3.2　构建普惠型农村金融体系的必要性

普惠金融体系是小额信贷及微型金融的延伸和发展。从普惠金融体系的诞生背景和发展来看，它与小额信贷、微型金融有着密不可分的关系。小额信贷和微型金融对于弱势地区经济增长的作用，特别是小额信贷在帮助创造就业、增加收入、通过开办微小型企业改善经济状况等方面的作用，大家已有充分的共识。其中，普惠金融对经济、社会、金融发展的主要影响体现在：（1）关注社区民生，有利于社会和谐与稳定。社区是一个小团体，整个社区的所有人组合成了一个大家庭，一个好的家庭氛围有助于促进家庭的和谐稳定，发展好这个小团体不仅有助于团体中每个人健康向上的成长，也有助于小团体组成的大团体——社会的和谐与稳定。(2)“三农”对国民经济发展的重要性。农业是国民经济的基础，是国民经济中最基本的物质生产部门。农业在国民经济中的基础性地位和作用主要表现在：农业是人类社会的衣食之源、生存之本；农业是工业等其他物质生产部门与一切非物质生产部门存在和发展的必要条件；农业是支撑整个国民经济不断发展与进步的保障农业的基础地位是否牢固，关系到人民的切身利益、社会的安定和整个国民经济的稳定发展，它也是关系到我国在国际竞争中能否保持独立自主地位的大问题。“三农”问题的解决对国民经济具有不可替代的作用，农业的发展状况将直接影响我国国民经济发展战略的实现。(3) 小微企业对经济发展的重要性。根据国家工商总局在其网站上公布的《全国小型微型企业发展情况报告》，截至 2013 年 3 月底，我国实有小微企业 1169.87 万户，占企业总数的 76.57%；若将 4436.29 万户个体工商户视作微型企业纳入统计，则小微企业在工商登记注册的市场主体中所占的比重达到 94.15%。如今，中国经济的高速增长时代已经过去，中速增长时代已经到来，所以越是在这种时刻，国家就越要改善小微企业的成长环境，以帮助国家实现转型。小微企业对经济增长的贡献越来越大，不仅创造了大量的就业岗位，还是推动中国经济可持续发展的主力军。(4) 普惠金融对经济结构调整和可持续发展的重要性。如今的金融体系倾向于资产较多的客户，而许多有潜力的客户被排斥在外，这会导致他们通过非正规金融途径获得需要的金融服务，可能会引起一定的社会风险。普惠金融是依靠技术革新和政策支持推动更多客户群体和偏远地区加入金融市场，获得多样的金融产品，从而推动政府发展微型金融，扩大金融的覆盖广度。在今后的发展中，农业和小微企业将在全国经济发展中占据越来越大的比例，对国家经济结构的调整和可持续发展产生重要影响，因此普惠金融的意义十分重要。而在普惠金融理念中，这认知得到了继承和发扬。建设普惠金融体系的过程，从实质上讲就是个向更加贫困的人群和更加偏远的地区开放金融市场和推进金融服务的过程。

普惠金融体系实质上也是一种金融公平的体现。构建普惠金融体系的愿景是满足有效金融服务需求，为人们提供信贷服务的公平机会、金融融资渠道享用权的公平，消除金融服务歧视和不公。在构建普惠金融体系过程中，除了客户、金融服务机构的努力外，政府需要担当个重要角色，是在不违反金融机构基本规则的公平性和金融体系稳定性的前提下，应该给金融服务的提供者以创新的空间开发适当的金融产品和服务；二是制定宏观金融政策如规章制度、激励政策和监管机制，保证金融机构适宜的生存空间，使它们有能力持续性地为贫困和低收入人口提供合适的金融服务或金融产品；三是通过财政刺激等手段引导资金和鼓励金融机构为贫困和低收入群服务，主动提高普惠程度。

建立个全民平等地享受现代金融服务的普惠金融体系是必要的，同时也是充满困难和挑战的。在当前的技术背景下，实现这个理想还有很长一段路要走，但小额信贷和微型金融取得的巨大成功已经让人们看到了希望。我们有理由相信在不远的将来，普惠金融会在中国农业经济发展中发挥更大的作用。

2.3.3 构建普惠型农村金融体系的可行性

从2004年到2017年，我国连续十四个中央一号文件都对农村金融改革进行了部署，对农村金融改革和发展起到了重要的推动作用。推进我国农村金融深化改革和发展的内外部条件已经成熟，作为在支持“三农”发展中发挥关键作用的农村金融机构，应抓住这一难得的历史机遇，构建适应和满足黑龙江省农村多层次的金融需求，功能完善，分工合理，产权明晰，管理科学，监管有效，竞争适度，优势互补，可持续发展的普惠型金融体系，普遍惠及一切需要金融服务的社会经济体，尤其应惠及被传统金融体系所排斥的贫困群体。

1. 国家支农惠农政策为我国农村普惠金融发展提供了良好环境。近年来，我国为了支持农业的发展，提高农民的经济收入和生活水平，推动农村的可持续发展，对农业、农民和农村给予了极大的政策倾斜和优惠。①全国落实对种粮农民的直接补贴工作，实施对种粮农民生产资料综合直补政策，进一步加大良种补贴力度。②实行新的扶贫标准，对农村没有解决温饱的贫困人口、低收入人口全国实施扶贫政策，尽快解决温饱并实现脱贫致富，重点提高农村贫困人口的自我发展能力，继续增加扶贫资金投入，加大整村推进力度，提高劳动力转移培训质量，提升产业化扶贫水平。③2009年中央一号文件提出了要抓紧出台对涉农贷款定向实行税收减免和费用补贴、政策性金融对农业中长期信贷支持、农民专业合作社开展信用合作试点的具体办法，还要求放宽金融机构对涉农贷款的呆账核销条件。④中央银行于2008年9月发布了《中国农村金融服务报告》，提出要继续放宽农村金融机构的准入门槛和降低监管标准。这份报告称，对农村地区吸收存款的金融机构坚持按照有关规定进行监管，同时可适当放宽“只贷不存”类金融机构在信息披露、会计准则、风险控制乃至资本充足等方面的监管标准，降低农村金融服务成本。⑤2015 年中央一号文件《关于加大改革创新力度加快农业现代化建设的若干意见》指出，推进农村金融体制改革，要综合运用财政税收、货币信贷、金融监管等政策措施，推动金融资源继续向“三农”倾斜，确保农业信贷总量持续增加、涉农贷款比例不降低。同时，支持银行业金融机构发行“三农”专项金融债，鼓励符合条件的涉农企业发行债券。以上一系列的支农惠农政策一方面使农民从各项政策性补贴中直接得到了实惠，农业生产投入能力得以增强；另一方面，政策的导向作用为农业农村经济发展创造了更好的基础条件，农民从事农业农村经济活动的成本减少、风险下降。有利于吸引更多的信贷资金投向农村，有利于农村金融机构在农村开展普惠业务，不断提高对农村经济社会发展的金融供给能力，扩大农村金融机构对农户的贷款，缓解农民贷款难问题，最终有利于贫困地区的农民享受到均等的金融服务，加快我国农村普惠金融的发展。

2. 开展的农村保险为我国农村普惠金融的发展创造了良好的条件。2004 年以来，财政部和中国保监会出台了一系列促进农业保险发展的重大举措，一方面，新设农业保险经营机构，另一方面，加大政策支持力度。近年来，财政部按照“政府引导、市场运作、自主自愿、协同推进”的原则，实施了农业保险保费补贴政策，在农户和地方自愿参加的基础上，为投保农户（包括规模经营主体）提供一定的保费补贴，引导和支持其参加农业保险，并逐步加大支持力度。目前，补贴品种已由最初的种植业 5 个，扩大至种、养、林 3 大类 15 个，基本覆盖了主要的大宗农产品；补贴区域已由 6 省区稳步扩大至全国；补贴比例也在逐步提高，并结合区域、险种情况实施了差异化补贴政策，如种植业由 25% 提高至中西部 40%、东部 35%，养殖业为中西部 50%、东部 40% 等。在此基础上，鼓励保险机构和地方自主创新，开展特色农业保险，目前，各级财政合计保费补贴比例平均为 75% - 80%。2007 - 2013 年，中央财政累计拨付保费补贴资金 488.2 亿元。其中，2013 年拨付 126.88 亿元，是 2007 年的 6 倍，年均增长 34%，支持力度持续加大。

农村保险是我国普惠金融体系的重要组成部分，对于防范化解农村金融风险，增强农村金融服务有着巨大的促进作用，在普惠金融体系建设中处于基础性环节。具体表现在两个方面：①有利于发展壮大农村金融组织。农村保险发展具有示范和引导作用，大力发展农村保险，不仅可以促进农村保险机构自身的发展和壮大，也可以促进聚集效应的产生，推动其他金融机构在农村地区的建设与发展，改变当前农村基层金融组织发育不良的现状，吸引优质金融资源进入农业和农村地区。②有利于降低农村金融体系整体风险。农村保险的推出使农村金融体系更加健全和完善，通过信贷与保险的结合，一方面可以使农村金融部门的贷款风险得以有效分散和转移，保证了金融资产安全，使金融企业的信贷资金得以有效利用，直接加大了支农力度；另一方面，有了保险的保障，金融部门降低了农民贷款的门槛，使农民更加容易解决生产投入所需资金，有利于促进农业生产的发展，推进社会主义新农村建设进程。

3. 创新的农村金融产品与金融服务为我国农村普惠金融发展提供了新途径。近年来，各地金融机构在为农村地区提供金融服务的过程中开展了一些针对不同服务对象的农村金融产品和业务创新。一是针对农村贫困人口和低收入群体主要采取政策扶持类型的金融服务，如扶贫贴息贷款、“以奖代补”小额扶贫贴息贷款和农户小额信贷；二是针对非农产业、个体经营和农民创业的农户助业贷款、“农家乐”贷款、农村青年创业贷款、失地农民创业贷款等；三是针对为农村企业服务而主要开展的微型企业贷款、农业产业化龙头企业贷款、农业科技贷款、农业生产资料贷款、村级经济留用地开发贷款、林权抵押贷款等。

为进一步推进农村金融改革和农村金融制度创新，中国人民银行和中国银监会于2008年10月联合发布《关于加快农村金融产品和服务方式创新的意见》，着力开展农村金融产品和服务方式创新试点工作。2014年的中央一号文件《关于全面深化农村改革加快推进农业现代化的若干意见》明确提出了八方面的任务，其中之一是“加快农村金融制度创新”，农村金融机构通过业务创新和技术创新，能有效地降低金融服务的成本，在实现普惠的同时实现自身财务的可持续发展，更好地服务于欠发达地区的农村，满足农村弱势群体的金融需求，为我国农村普惠金融的发展提供新的机遇。

4. 部分农村地区存在的金融空白为我国农村普惠金融的发展带来了契机。农村金融是整个金融体系中最薄弱的一个环节，在偏远落后的贫困地区，金融环境比较差，商业性金融机构为追求经营效益，对部分乡镇机构进行了大规模撤并，形成了“零金融机构乡镇”，导致这部分农村地区金融服务严重缺位，并形成了金融服务空白。截至2014年底，全国金融机构空白乡镇从启动时（2009年10月）的2945个减少到1570个；实现乡镇金融机构和乡镇基础金融服务双覆盖的省份（含计划单列市）从2009年10月的9个增加到25个，中国人民银行共有县域机构网点3239个，较2013年末增加16个，县域机构覆盖率达到55.77%，尚不能满足农村需求。在城市金融机构竞争激烈而农村金融机构缺乏竞争的情况下，引导各类资本到农村地区投资，设立村镇银行、贷款公司和农村资金互助社等新型农村金融机构，鼓励银行业金融机构到农村地区设立分支机构，等等。一系列行为都在一定程度上填补金融服务的空白，提高农村金融机构网点的覆盖率，增加农村金融服务的水平及其便利度，改善农村金融资源的配置情况，使农民享受到普惠制金融服务。

2.4 国内外普惠金融服务的实践及启示

2.4.1 国内外普惠金融服务实践

1. 国外普惠型金融服务体系的主要模式。非政府组织模式。孟加拉格莱珉银行（英文名称缩写为 GB）创建于 1974 年，非政府组织取得了服务 639 万借款人的成绩。GB 的成功经验：①抓住有效的需求，庞大的小额信贷市场需求是其成功的营销市场环境；②实行差异化策略，为了使穷人获得贷款，GB 首创了无抵押贷款模式，完全同传统的银行运作区别开来；③建立有效的营销渠道，通过三十多年的努力，GB 已经在孟加拉 46620 个村庄中建立了 1277 个分行，这样的一个渠道网络覆盖了几乎整个孟加拉有信贷需求的人群；④贴心服务，出色服务成就了尤努斯的乡村银行。

正规金融机构模式。印尼人民银行小额信贷部（BRI－UD）是正规金融机构从事小额信贷的模式。印尼人民银行小额信贷部下设地区人民银行、基层银行和独立营业中心。独立营业中心是基本经营单位，独立核算，可以自主决定贷款规模、期限和抵押，执行贷款发放与回收。如果借款者在 6 个月内都按时还款，银行将每月返回本金作为奖励，实行商业贷款利率（年利率以覆盖成本）；储蓄利率根据存款额确定，存款越多，利率越高。银行不承担对农户的培训、教育等义务。BRI－UD 高利率和鼓励储蓄的政策，使金融机构实现了财务上的可持续性。

金融机构和非政府组织紧密联系模式。印度国有开发银行——印度农业和农村发展银行（NABARD）是将非正规农户互助组（SHG）与正规金融业务结合起来从事小额信贷的模式。该模式开始于 1991 年，NABARD 通过其员工和合作伙伴对由 15－20 名妇女组成的农户互助组进行社会动员和建组培训工作，农户互助组内部先进行储蓄和贷款活动，NABARD 验收后直接或通过基层商业银行间接向农户互助组发放贷款。NABARD 对提供社会中介和金融中介服务的合作伙伴提供能力建设和员工培训支持，并对基层商业银行提供的小额贷款提供再贷款支持。NABARD 已累计对国内 1160 万贫困家庭提供贷款，覆盖全国近 209 的贫困家庭。

国家级小额信贷批发基金模式。孟加拉国批发式小额信贷机构 PKSF 是一个成功的自主性批发小额信贷机构，受到了国际小额信贷产业界的广泛关注和推崇，孟加拉政府于 1990 年设立了农村就业支持基金会（PKSF），该基金会注册为非盈利性股份制公司，PKSF 仅对符合其标准的合作机构提供能力建设和免于担保的小额信贷批发业务，截至 2006 年年底，PKSF 已接纳 189 家合作机构，通过他们为 213 万贫困农户已经提供了 1.65 亿美元的小额贷款。

代理银行模式。巴西代理银行制度是一种在缺乏银行分支机构的地区为客户提供基础金融服务的方式和手段，银行通过与彩票投注站、药店、邮局、汽车经销商等商业实体签署协议，利用其商业网点提供部分基础金融服务，延伸和拓展金融服务。布拉德斯科银行与邮政部门合作，利用邮政网点建立了巴西最大的代理银行网络；联邦储蓄银行与彩票连锁投注站建立了业务合作关系，在发放各项政府津贴方面拓宽了渠道；巴西银行和柠檬银行通过超市、药店和建材等商业网络合作代理金融服务。银行与代理机构签订合作协议后，在代理行网点安装 POS、条形扫描仪、电脑以及 ATM 等电子网络设备。在中央银行授权后，代理银行可开展开立储蓄账户、存取款、转账支付、发放政府津贴和养老金、代理申请银行贷款以及收集客户信息等。由于信贷服务风险较高，出于风险控制，代理网点主要开展托收服务、委托付款和票据支付等交易及支付类服务。在运营收益方面，向客户收取的手续费收入在银行、中介机构和代理行网点之间根据合约规定进行分配。巴西代理行的特点主要有：第一，与实体商业网点的合作可以弥补农村等欠发达偏远地区金融服务的空白，践行普惠金融；第二，降低银行拓展金融服务的成本，初始投资和月运营成本大大降低；第三，开展小额信贷，利用商业实体网点对货款户进行更全面的了解，适当发放贷款。

社区银行模式。美国社区银行是资产规模介于两百万美元到数十亿美元之间，在特定行政区划内组建并独立经营，主要为当地中小企业和居民家庭提供个性化金融服务并保持长期业务合作关系的小银行。美国社区银行在美国银行体系中占据重要的地位，为美国经济的发展做出了重要的贡献。美国中小企业众多，社区银行具有广阔的发展空间。社区银行为中小企业提供了个性化服务：一方面，社区银行对发展前景好但无法提供银行贷款要求的财务报告的企业提供贷款；另一方面，社区银行的工作人员都来自社区，对本辖区客户较熟悉，拥有丰富的社区知识，能够为客户提供定制化、人性化的服务。社区银行的工作人员来自社区，能获得更多贷款户的“软信息”，可以有效克服信息不对称问题，降低坏账率。美国社区银行的发展历史悠久，中小企业、社区居民对社区银行的信任度高，而我国社区银行由于发展历史较短，广大的客户对社区银行不够了解，所以应加强社区银行的宣传，让广大客户能了解社区银行的便捷性。由于良好的客户关系，美国社区银行各项业务开展的成本较低，客户对存款的利率一般不敏感，这有利于银行低息吸收存款、发放贷款，促进中小企业、农户的发展，同时让利于民，形成良性发展关系。

手机银行模式。肯尼亚的金融服务普及率低，特别是在偏远贫困地区，大多数居民没有银行账户，而手机普及率很高。在这样的背景下，肯尼亚第一大手机运营商 Safaricom 推出了手机银行系统 M PESA，该系统将金融应用集成到手机 SIM 中，实现汇款转账、账户查询等金融服务。Safaricom 同时与代理商网点合作，客户可以在代理商网点办理注册、现金存取及其他增值服务等。客户注册后，便可在手机终端享受金融服务。到目前为止，除了汇款外，M - PESA 还推出了远程支付、代发工资、交学费、手机 ATM 取现、虚拟货币购物等。Safaricom 的区域经理每月对代理网点进行实地检查，按照过线标准对代理网点进行评分排名，同时要求网点对客户交易通过日志方式进行备案，在提升服务的同时保证了客户利益。

21 世纪以来普惠金融的新进展。联合国在 2005 年国际小额信贷年提出了“建设普惠金融体系”的概念，并且设置机构分析普惠金融实施过程中的困难，加深普惠金融在国际上的影响。普惠金融联盟成立于2008 年9 月，总部坐落于泰国曼谷，是由发展中国家政策制定者组成的国际联盟，意在通过提供资金、技术、物流等方面的支持及经验和研究成果等信息的共享平台，帮助制定和实施可行的金融服务拓展政策及计划，以便加快实现金融服务全覆盖。普惠金融联盟关注的政策领域包括：①设立代理银行，降低银行设立分支机构的固定成本和提供小额交易的业务成本。②设立移动电话银行，利用信息科技提供现金存取、第三方转账、无线预约等服务。③设立低收入人群金融服务机构，通过降低准入政策要求，推进建立为低收入人群提供银行和保险服务的机构。④促进国有银行改革，帮助国有银行转型为可持续发展的商业银行，建立有效的公司治理和激励机制，减少政府的影响。⑤建立个人金融身份，将客户的历史交易信息转变为资产，为客户建立信用记录，便于日后的金融服务。⑥加强消费者保护包括强化信息安全和披露、拓宽投诉渠道等。自此，大多数参与国都成立了跨部门的金融工作小组，出台了促进实施的专门政策法规，用于建立全面的普惠金融体系并加以实施。

2. 我国发展小额信贷推进了普惠金融服务的实践。从发展历程上来看，一方面，我国小额信贷发展经历了扶贫贴息贷款到商业化运作的转变。1993 年社科院农村发展研究所首先将孟加拉 GB 模式引入中国，在河北省易县组建了我国首家由 NGO 操作的专业化小额信贷机构——易县信贷扶贫合作社。随后的十几年里，小额信贷主要按两种路径发展：一是以扶贫社的自生自灭为主线，二是以政府推动的形式多样的小额信贷发展为主线。1998 年开始，中央财政扶贫贴息贷款转归农业银行管理，直接发放到客户。1999 年末，农村信用社（以下称“农信社”）开始尝试小额信贷业务，主要是将人民银行的支农再贷款，通过农信社发放“农户小额信用贷款”和“农户联保贷款”。自 2005 年起，央行发文进行“只存不贷”的商业性小额信贷组织试点工作，积极引导私人资本进入小额信贷市场。同年 5 月，由人民银行倡导的商业性小额信贷公司在山西、四川、陕西、贵州和内蒙古 5 个省（区）试点运作，标志着我国商业化小额信贷组织进入新的发展时期。2007 年 3 月 1 日，中国首批四家农村新型金融机构挂牌成立，即吉林省盘石融丰村镇银行、吉林东丰诚信村镇银行、四川仪陇惠民村镇银行、四川仪陇惠民贷款有限责任公司。村镇银行登上历史舞台。同年 3 月 9 日，中国第一家全部由农民自愿入股组建的农村合作金融机构——百信农村资金互助社在吉林省梨村县闫家村正式挂牌营业。之后试点范围扩大，村镇银行、贷款公司、农村资金互助社、小额贷款公司四类机构快速发展。2009 年，银监会出台相关规定，将小额信贷机构改制为村镇银行。此后村镇银行的数量不断增加。根据中国人民银行货币政策分析小组《2012 年中国区域金融运行报告》中提到：“……新型农村机构加快发展。年末包括村镇银行、农村资金互助社、贷款公司和小额贷款公司在内的各类新型农村机构共计 6923 家，其中小额贷款公司数量占比 87.8% ……”进一步增加了农村金融供给体系，拓宽了各类资金流向农村的渠道，在解决农村金融服务问题上实现了重大突破。截至 2013 年，仅村镇银行已有 1500 多家（包括分支机构）。

另一方面，自 2005 年以来，由于民营资本的进入，加上政府政策的大力支持，小额信贷在支持农村农民、小微企业以及城市低收入群体上发挥了巨大作用，而小额信贷的服务模式也日益呈现网络化、移动化趋势。迄今为止，随着互联网的迅速发展和手机普及率的提高，互联网金融日益成为践行普惠金融的重要载体。互联网金融以其低成本、低门槛、广覆盖的特点有效地弥补了普惠金融客户分散、覆盖广、效益低、成本高的不足。利用互联网，银行可以快速有效地获取客户的真实信息，利用内部评级机制对客户信用进行评估；客户可以利用移动终端用碎片化的时间、信息、资源办理金融业务；银行开发的产品既可以利用互联网这个平台销售到更广的地方，也可以结合网络收集的数据为低收入群体、农民等设计差异化金融产品。随着智能手机的不断普及，目前已可以通过微信银行、手机银行和网上银行为边远地区的客户提供智能化服务。

国内普惠型金融服务体系的主要模式。社区银行模式。北京方庄民生银行支行与众多汽车经销商（如捷达、宝来、奥迪、别克、赛欧等）将车展开入方庄社区，共展出 38 款汽车，消费者可参观选购，并可在现场完成全套购车贷款手续。自此，民生银行率先拉开社区银行的序幕。早在 2013 年，民生银行就提出在持续深化小微金融的同时，加快推进小区金融战略，联合政府、地产公司和物业公司正式推出民生小区金融服务店，以“两小金融”为主体的零售发展战略全面铺开。民生银行的社区银行有以下几个特点：第一，与 1.5 公里范围内的商家组建营销联盟，提高交叉销售。在小区步行 20 分钟的生活圈内，民生银行的社区银行与各类衣、食、住、行商户组建营销联盟，共同扩展客户；第二，结合小区特点，推出“智家卡”“智家贷”“智家惠”等智家系列产品，为小区金融搭建核心产品平台；第三，与政府、物业合作，代办各种便民业务。多元化的便民服务能有效增强客户黏性，提高服务质量。通过与政府、物业的合作以及移动支付技术的提升，社区银行能够完成包括物业费、停车费、水电费、话费的一站式代缴，甚至包括小区业主快递签收，与传统网点形成经营范围上的差异，是真正意义上的服务小区业主。不同的社区在一定程度上划分了不同收入水平的客户，社区银行有利于结合小区特点，开展特色差异化服务。

农村金融自治模式。不用抵押，随借随还，循环使用，每月利息只有 6.5 厘，这是农行东阳市支行为了普惠金融而做的新尝试——农村金融自治，它已被引入东阳多个村庄。农村金融自治的内容可以用“六自”概括，即农户自荐、担保自组、借款自助、用款自律还款自由、守信自励。通过金融自治，村民贷款不是直接向银行申请，而是在村里自由组合 4 ~ 5 个联保村民后，向村委申请，由村委审核、公示，再提交银行审核，完成贷款。村民的贷款办理流程为：村民提出贷款申请→村信用户评议小组审核→推荐名单告示→客户经理入户调查→农行审核→拟贷款名单公示→签订合同、发放贷款→按时还款。除了办理简便，农村金融自治更具备了贷款灵活、利息低廉的特点。

小微电商模式。2013年，浦发银行搭建平台，利用大数据技术创新推出针对小微电商的专属服务模式——“电商通”。“电商通”是浦发银行为具有一定电子商务从业经验且资信良好的电子商务企业打造的一个全新的融资服务平台，能有效解决电子商务小微企业普遍存在的融资难问题，并给电子商务企业的融资模式带来了深刻变革。“电商通”通过在线申请、在线审批、随借随还的方式，将服务领域拓展至网络空间。其升级版“电商通2.0”具备技术先进、产品灵活、评审和管控高效等特色，为小微客户实现了全面的线上操作，包括线上经营、线上数据、线上审批与线上贷款，能有效解决小微电商融资普遍存在的“短、频、急”需求，旨在为小微电商提供更多的贷款机会、更快的申贷速度、更好的信用贷款和更节省的融资成本。2014年，浦发银行更加专注小微金融服务，将小微企业业务与个人经营性贷款业务整合，纳入了零售业务板块，要求全行按照作为小微企业全程合作银行的发展定位，加大服务小微企业的力度。在服务中小微企业的实践中，浦发银行除了针对集聚于特定区域的中小企业推出批量开发和服务的“吉祥三宝”模式，又针对高成长型企业推出了整合培育的“投贷宝”模式。“信贷工厂”与“微小宝”的推出则是浦发银行在小微金融服务领域的又一里程碑式的创新，是浦发银行针对融资需求在500万元以下的小微企业量身打造的一套专属服务模式和业务系统。这“五宝一厂”确立了浦发银行中小微业务分层分类、专属服务的架构，全面覆盖了中小微企业的金融服务需求。

“扫街式”普惠金融模式。邮储银行“扫街”打破了银行传统的等客上门营销方式，客户经理主动走出去，根据门牌号采取走街串巷、挨家挨户“地毯式”的营销宣传，主动把金融服务送到小微客户、农村农民门前。这种“扫街”的营销模式是践行邮储银行“坚守普惠金融服务，打通城乡金融服务最后一公里”的理念。邮储银行在中央的“一号文件”指导下，大力发展农村普惠金融服务：一是为农民提供储蓄、汇兑、代理保险、便民取款等基础金融服务。二是发挥自身网点多、服务范围广的优势，推行国家的“新农合”“新农保”项目的金融服务工作。三是建立中小企业金融服务专营机构，把小额贷款业务作为邮储银行长期、核心的战略性业务。通过引进世界先进的小额贷款技术与自身实践结合，有效地化解了农村融资服务难、风险高的问题。四是完善电子金融服务渠道，形成电视银行、手机银行、网上银行、电话银行、微信银行等全面的电子银行服务体系，将金融服务延伸到广大网点没有覆盖到的偏远、落后地区，让金融服务随时随地地陪伴在客户身边。邮储银行是普惠金融的先行者，其成功的经验值得其他商业银行借鉴。首先，邮储银行结合小微企业资金“短、小、频、急”的特点，设计了额度循环使用的贷款模式和灵活的还款形式；其次，邮储银行将“融资”和“融智”有机结合，通过政府产业政策引导、银行出资、学者提供智力支持、社会群众广泛参与，帮助小微企业稳健经营、蓬勃发展；最后，邮储银行高度重视县域地区的消费贷款发展，客户经理将载有贷款评估的设备终端带到县域、农村地区，利用当场受理、快速评估和次日放贷，为客户高效提供了住房、自用车、教育、家电、旅游、装修等消费信贷业务。在“普之城乡、惠之于民”理念的指导下，邮储银行不断深化改革，优先发展电子银行渠道，利用“扫街”式营销模式把金融服务送上门，其广泛的普惠金融实践将推动自身发展再上新台阶。

移动客户端与线下支付结合模式。1. “江渝移动金融”。重庆农商行“江渝移动金融”于2013年10月28日正式推出iOS和Android客户端。重庆农商行APP下载后，可利用该行借记卡自助注册，自助注册成功后即可实现账户查询、生活缴费、定活互转、购买理财产品、信用卡账单查询、发起收款等个人金融服务。“江渝移动金融”客户端的亮点之一在于它的“金融助手”。通过“金融助手”，你不仅可以实现日常生活缴费、机票订购、支付宝支付、游戏点卡充值等远程支付，还可以通过“手机对对碰”功能实现面对面的“近场支付”。亮点之二在于重庆农商行移动金融的突出特点是适用多种移动设备及主流操作系统，提供多种注册及认证方式。亮点之三是在提供便捷服务的同时，这款APP的安全性在同类中也是较高的。重庆农商行设置了双重密码认证，采用适合的加密技术和措施，确认客户端用户的身份和授权，以保证网上交易数据传输的保密性、真实性，借助多重措施保障用户信息安全。在实际操作中，“江渝移动金融”客户端也提供隐私模式的交易方式。比如手机号交易，用户可使用“手机号码转账”，通过输入手机号码代替收款签约账号划转资金，资金收付均直接关联到双方默认账户。“支付宝付款”功能，用户在淘宝网等购物网站下单后，无须登录支付宝网站，可通过输入支付宝交易号或网店交易号以及对应的订单金额来付款，这有利于杜绝遭遇钓鱼网站等病毒的风险，更有效地保护账户安全。2. 将银行服务小微企业的理念与金融IC卡、移动支付有机融合，浙江民泰商业银行自主研发的金融IC卡手机信贷产品以创新的服务模式积极有效地支持实体经济发展。利用这款名为“民泰随意行”的手机信贷产品，借助金融 IC 卡和 STK 技术，在借款人完成资信评估和授信的前提下便可提供随时随地自助借款、还款、存取现金、消费、圈存等服务，一次授信可循环使用，不受时间和空间的限制，极大地凸显了小额信贷快捷、便利的特性。“民泰随意行”有三个显著特点：①手续简单，审批高效快捷十准入方式低，受众广泛。满足贷款条件的一般在 3 个工作日便可完成审批；有持续经济收入的自然人都可申请，通过手机短信便可实现贷款申请、还款、查询等，同时操作流程简易。②担保灵活十随借随还。考虑到小微企业客户缺乏抵押物，资金需求频繁、不定期的特征，民泰商业银行允许联保、抵押、质押和混合担保等，在循环贷款有效期及额度期内可循环使用、随借随还。③操作方便 + 安全性能高。办理“民泰随意行”业务后，小微企业客户随时随地可享受民泰商业银行的金融服务。“民泰随意行”是在手机上装载“民捷卡”——将传统的金融 IC 卡集成移到 SIM 卡中，实现多卡合一；在使用时，同时验证功能密码和交易密码，以确保安全。

互联网普惠金融模式。①阿里金融模式。信息技术和互联网的发展使交易成本大大降低，这是互联网金融发展的基础网络购物的扩展、征信体系的健全有效地克服了信息不对称；信用环境改善为互联网金融的发展创造了机遇；加上传统银行金融机构忽视“长尾”效应，大批群众的金融服务需求无法得到满足，于是互联网金融被推上了风口。

阿里巴巴很早就开始了诚信体系的建设，“诚信通”和对网络买家、卖家流水的跟踪为阿里金融的开展奠定了基础，基于这些数据，阿里巴巴推出了小额信贷。阿里小贷利用其天然优势，即阿里巴巴 B2B、湾宝、支付宝等电子商务平台上客户积累的信用数据及行为数据，引入网络数据模型和在线资信调查模式，通过交叉检验技术，辅以第三方验证确认客户信息的真实性，将客户在电子商务网络平台上的行为数据映射为企业和个人的信用评价，向这些通常无法在传统金融渠道获得贷款的弱势群体批量发放“金额小、期限短、随借随还”的小额贷款。阿里小贷包括淘宝贷款和信用贷款，前者以“卖家已发货”的订单申请为基础，后者完全基于商户信用。

阿里巴巴还开展了理财业务“余额宝”这类货币基金可获得较银行活期存款更高的收益，解决用户手中多余流动性的问题。“招财宝”针对定期或一段时期的投资需求，解决的是这些用户在流动性和收益性的平衡中，更偏向于收益性这种需求。因此，“招财宝”或者是其他产品推出了一些比较固定的 6、

7、8 个点的回报产品，用以迎合市场上这部分用户的需求。原来拿到 6、7、8 个点的用户，其卡内资金需要 50 万元以上或者至少是 10 万元，而现在 1000 元就可以拿到这些点，这就是普惠金融的好处。

②宜信金融模式。与阿里小贷类似，宜信结合目前中国的社会信用状况，推出了个人对个人（即 P2P）的信用借款服务平台。宜信主要有几大业务板块，“宜信普惠”提供诸如个人信用贷款、“宜学贷”“宜车贷”“宜农贷”等信贷产品；“宜信财富”以客户关系的建立为基础，以财富管理、资产配置为导向，成为高净值客户资产配置与产品销售平台。宜信以平台管理者身份为出借人和借款人进行信用管理。在宜信平台，客户可以将闲散资金提供给平台上的借款人，获得比银行高的回报率。通过线上、线下相结合的信贷评估和发放模式，为在银行贷不到款的小微企业、个体经营者、工薪阶层等提供贷款，实现普惠金融。

以宜信贷款为例，宜信服务于两端的客户：一端是资金出借人，另一端是借款人。出资人利用闲置资金通过宜信这个平台帮助需要资金的人，并且自身又能得到相应的回报。

2.4.2 国内外普惠金融服务的启示

国外部分国家，尤其是发展中国家，普惠金融发展经历了较长时间，逐步形成较成熟和完善的体系、管理制度和评价机制，对我国发展普惠金融具有很好的借鉴和指导。

1. 小额信贷不仅是一种有效的扶贫方式，更是一种特殊的金融形式。提高项目型小额信贷可持续性的基础上，逐步将其转化为机构型小额信贷，。在以法律形式保证其金融合法性和规范性，并给予明确的政策支持，构造以 GB 模式为基础的小额信贷体系。在管理的方式上，须根据不同地区农户的收入水平、农业生产结构和方式、资金规模等差别，小额信贷的授信额度、授信期限、利率水平等指标的确定也要体现因地制宜、分类指导的原则，做出梯度性和差异化管理。

2. 坚持以市场为基础，减少政府干预。区分政府扶贫与小额信贷的功能，允许小额信贷机构在法律监管下自由决定利率，取消政府的小额信贷贴息政策，建立小额信贷担保基金，引导各种小额信贷机构实行商业经营，实现政府扶贫与小额信贷经营的分工与协调。地方政府在减少干预的同时，应致力于营造有利的农村金融制度环境，从而吸引商业性金融或民间资本投资于农村金融市场。

3. 将贷款支持和技术服务相结合，实现扶贫、高还贷率和机构持续发展三者的协调。为小额信贷机构的建立和运行提供制度保障和技术支持，加强交流、合作与人员培训，不断提高小额信贷机构的经营水平。并以此加大对农户或农村经济组织的技术援助，不断提高农业生产的技术含量，增加农业产出。

4. 发挥农村基层组织作用，建立和完善农村信用体系。通过建立农户的信用和经济档案，打造农村信用基础。通过农村基层组织的力量，建立农户的经济档案，确立和规范农户经济档案的指标体系和评估方法。通过信用村、镇的建设，逐步提升农村信用水平。

5. 指导贫困农户投资，鼓励贫困农户储蓄，帮助贫困农户理财，提高贫困农户素质。充分组织贫困农户开展自救，联产和互助、互保等形式的生产经营活动，提高生产经营水平，改善农村经济环境。

3 区域差异背景下的农村金融市场现状

3.1 发达地区金融市场现状

结合各国经济发展历史经验，金融发展能够很大程度地促进经济的发展，因此我国应当加快金融改革步伐。随着利率市场化并基于建立全球统一金融市场的国际背景，十二五规划中明确要求深化我国金融体制改革。改革开放以来，我国金融市场发生了翻天覆地的变化。在新时期，作为现代金融体系的重要组成部分，农村金融的发展是解决三农问题、促进农村经济发展、实现农村现代化建设的关键。落后的农村金融将会对我国金融整体水平提高产生负面影响，进而影响我国经济水平和国际地位提高。

这里将农村金融地区按发达地区、较发达地区和欠发达地区三种情况分类并以此归纳不同地区农村金融组织发展过程中存在的问题，分析各地区金融发展水平出现差异化的原因。可以总结出，不同地区存在显著农村金融差异化。其中，发达地区农村逐渐向非农化发展，农户借款多用于生产，贷款需求量大，需要多元化的金融服务，金融发展需求为其主要需求；较发达地区的农村金融贷款需求相对减少，生活性借款多于生产性借款；欠发达地区农村金融仍然处于落后原始状态，存贷款是其主要的金融需求。

3.1.1 发达地区农村金融面对的经济环境压力

经济发达地区的商品经济比较发达，多年积攒下来的某些深层次问题在其发展过程中逐渐暴露出来：

第一，受产品价格结构不合理的影响，发达地区的工业收入水平要高于农业收入水平、养殖业收入水平高于种植业收入水平、经济作物收入水平高于粮食作物收入水平，各种收益相对不均衡。欠发达地区存在农村工业化建设的急于求成、投资需求的日益膨胀等原因等现象，工农业投资比例失调。因此，要想提高发达地区的农业综合生产能力还需要走较远的一段路程。

第二，在金融危机的大背景下，国际环境恶化使得国际贸易活动遭受困难，可当前短线平衡不可避免，只得采用限制进口、增加出口的普遍办法，这适用于能够灵活调节的国家以及较大城市地区，对于外汇平衡能力弱的农村出口加工企业和创汇农业来说困难将会很大，常常处于变动之中难以协调。相应地，提供配套信贷资金的农村信用社、农业银行等农村金融组织的压力也会更大。

第三，由于农村工业结构失衡，制造业为主的加工工业迅速膨胀，发达地区的制造业不断赶超工业，加之近年来出现的农产品市场销售疲软，某些产品处于滞销状态，即便有很高的产量，总收入却不见增加。加之受到“三角债”的不断困扰，各方资金的使用效益呈明显的下降趋势，有的甚至存在大量违约风险难以收回。因此，金融组织部门不得不动用大量贷款来支持其发展。

3.1.2　农村资金需求与供给难以匹配

第一，经济发达地区的农业生产模式多是以家庭为单位，各家庭自产自销。受自然灾害及市场价格波动的影响很大，通常具有风险大、效益低的特点，在一些内在外在因素的影响下有时甚至出现亏损情况。

第二，农村信贷资金需求规模大、期限长、用途广，必须正规金融、现代金融供给解决。由于农村经济的迅速发展、农民收入的大幅提高和新农村建设的全面推进，带动了发达地区农村金融需求规模的急剧扩张，对信贷资金的需求不断增加。这些资金需求仅靠传统的、非正规的农村金融是无法满足的，亟需现代金融、正规金融的发展。当前，农村信贷资金的投放数量往往较多，手续与普通贷款相同，发达地区的农户和农村企业较易获得信贷资金，但信贷资金总量很大，分摊到农户手中却十分分散，导致其所得到的收益很少，起不到规模效应的作用。出于这种原因，国有控股银行及股份制银行往往对此不得不采取回避态度，导致出现农户需要资金而无法贷到资金的境地。同时，土地及宅基地受抵押贷款的限制即便是农户的主要的财产也不能用于抵押，使得本身就抵押品不足的农户贷款缺乏担保能力而往往贷不到款项。农民只好转向相互担保的信贷的方式，而很多银行又对相互担保有苛刻的信贷条件限制，使得农户处于两难困境。

第三，发达地区农村的中间业务需求大，电子银行业务、国际金融业务都有需求。经济发达地区“新三农”趋势明显，农业产业化（工业化）、农民市民化（工人化）、农村城镇化（城市化），企业、单位和个人对银行中间业务的需求面广量大，不仅需要传统的结算、汇兑、代收、代付等业务，还需要承诺、担保、咨询、信用卡、金融衍生品交易、金融理财等新兴业务。为了提高金融服务效率，办理对外业务，对电子银行业务、国际金融业务的需求也越来越大。这些“城市金融”、现代金融在农村的发展，直接推进了“二元金融结构”的转化。发达地区农村在农村信贷支持上，商业银行的县域组织往往较容易向规模性客户提供贷款便利，则不把普通农户列为其信贷支持对象，对普通农户采取苛刻的贷款要求，导致了农村金融市场的资金短缺和对农户的信贷的支持不够。在贷款利息上的选择上，各农村金融组织也对大中型国有企业进行贷款时却多采用下浮或基准的优惠利率，对农村企业和农户则采取相反态度，采用利率上浮的模式，使得很多农村企业和农户对金融组织贷款可望而不可即。这些金融组织在这种差别对待加重了发达的农村地区资金分流现象。

第四，近年来虽然农信社受政策支持力度较大，但由于其实际可用资金不足，农信社处于心有余而力不足的尴尬境地，满足不了农村地区日益增长的贷款需求。新型信用合作组织具有庞大的潜在需求。随着大量的新型农村经济合作组织的建立，亟需一批信用互助合作组织与之相配合，从资金等方面支持它们的健康发展。

3.1.3 金融市场资金短缺且外流严重

1. 农村金融组织的整体布局不合理。近年来农村金融组织网点和经营内容不断扩张，不断地入驻发达地区，但基本都设置在中心城区，农村地区虽有增加但仍相对不足，这些金融组织的工作重点在于抢夺城市居民及大中型企业客户等资源。随着发达的农村地区不断涌现出一批新型农村金融组织，原有的在农村地区的传统农村金融组织的营业网点却不断进行收缩。同时，“利润最大化”已经成为各商业银行企业经营的目标，各商业银行银行普遍进行股份制改革以及完善法人治理机构，从而全力追逐利润。相对于较发达地区和欠发达地区，经济发达地区多属于沿海地区，这部分地区的经济相对发达，城区金融市场的中间业务和贷款业务都给各金融组织带来了丰厚的利润，使得大量资金抽离农村投放于城市，甚至农户和农村企业的资金都被抽调到城市以满足投资购买各类国债、城市建设等需要，这是这些金融组织生存与竞争的必然结果。

2. 在财政资金支农使用不规范。这几年政府在国家的政策要求下加强了农村基础设施投入，大力发展农村配套基础设施，借助于财政的杠杆效应，间接促进了农村金融组织以外的其他资金流入到农村地区，有助于该地区农村经济的发展。但由于发达地区农村分布较广，地方财政能力有限，国家对农村金融组织财税方面的支持力度还是明显不足。在农村金融组织对农村信贷资金的投入方面，财政上缺乏一定的优惠支持，其所得税、营业税的缴费标准都与城市资金投入相同，最终导致农村资金加快外流。

3.1.4 金融市场产品单一

发达地区的农村金融市场主要是银行为主，保险为辅，农村地区基本没有证券、期货等金融组织。虽然存在农业保险，但是在农业保险方面，受风险大、赔付率高等因素的影响，商业保险公司在投放农村地区的积极性明显不高，往往会对农业保险品种避而远之，对于商业保险公司向农村地区拓宽业务只能由政府行为进行干预，农业保险处于边缘化的境地。而农村地区现有的少量险种未充分考虑农村与城市的地域差异，同质化现象非常严重，定价和风险衡量粗糙，保障型产品占比较少，农户对此认知度较低，难以接受。此外，在开展农业保险业务的营销过程中受农村人口分散的制约常需要相应网点的网络人员相配套，而且农户对保险内容的理解要差于城市居民，使得农村地区保险产品的营销成本高于城市地区，在一定程度上打消了保险公司开拓农村市场的参与积极性。因此，农村金融体系需要进一步完善，这是发达地区农村金融发展的必然选择。完善农村金融体系应从农村经济发展实际和农村金融供给现状出发，针对发达地区农村金融发展实际，采取“需求追随”模式；坚持提高、完善、创新的原则，在更高的起点上设计农村金融改革方案，提高农村金融发展层次内容与水平。发展和完善农村金融体系应当从以下三方面入手：第一，完善银行体系，发挥银行主导作用。进一步加大各类银行服务“三农”力度。改革农业发展银行，强化政策性银行支农力度。合理布局国有控股商业银行在农村的营业网点，增强国有商业银行支持农村经济发展的力度。发挥邮政储蓄银行服务“三农”作用。大力发展农村商业银行和农村合作银行，增加营业网点，扩大服务范围。规范发展各种新型农村金融机构，探索农村小额贷款公司向村镇银行、金融公司发展的新路子。加强银行业务创新，完善传统信贷业务，实现农村金融服务品种多样化。要适当增加存款种类改进存取方式。对贷款业务来说，应当增加贷款种类和方式。并进一步改善农村金融服务设施，提高农村金融服务效率。第二，发展证券业务，完善资本市场。扩大直接融资规模，促进产业升级。把握当前资本市场发展的机遇，加大上市资源培育力度。全力提升上市公司质量。大力推进上市公司产品、营销、管理创新，提高企业管理水平，走企业内涵式创新的可持续发展道路。强化证券公司管理，提高经营水平。第三，深化保险业改革，促进保险市场发展。建立主体结构多元化的保险市场体系。积极吸引外资保险公司经法定程序批准后到本地设立中国总部。鼓励发展保险分支机构，大力引进有经营特色的养老保险、健康保险、企业年金、责任保险等专业性保险公司来设立分支机构，提高保险市场专业化水平。加强城乡保险服务网点建设，重点加强对农村保险市场发展的政策支持，引导保险机构在县（市）合理设立分支机构和服务网点。大力发展保险中介市场。加大保险创新能力。鼓励保险机构的产品和服务创新，为经济社会发展的重点、难点领域提供支持。

3.2 较发达地区农村金融市场现状

我国农村金融体系主要包括正规金融机构和非正规金融机构两类，其中正规金融机构除了原有的金融机构外，又增加了村镇银行、贷款公司和农村资金互助社这三类新型农村地区银行业金融机构。农村地区的非正规金融机构基本上得不到国家的支持。农业、农民和农村始终是关系国民经济的重要问题，“三农”问题是我国解决贫富差距，实现社会公平的关键。近年来，国家高度重视农民的民生问题，采取了多种措施来提高农民的生活水平。解决“三农”问题的关键是提高农户的收入水平，稳定发展农村经济，然而随着城镇化的进展，农民收入水平的提高，农村商业银行的成立对满足农户金融需求起到的帮助及农村金融市场存在的问题值得分析。

3.2.1 新型农村金融组织的金融作用受到限制

1. 新型农村金融组织起步晚，市场份额小。因为农村特别是偏远地区金融服务网点少，金融供给不足、农民贷款难，制约了农村经济的发展。主要表现为：该地区农户的主要收入多为工资性收入，大部分农户的薪酬都是直接打入工资卡中，而这些工资卡都来自于企业的基本账户开户行。没有利益的驱动，农户基本不会将工资卡中资金提出再转存到新型农村金融组织。同样出于信用和声誉以及便利性的考虑，企业更是倾向于向一些资历深且资金实力雄厚的传统金融组织办理其所需业务。新型农村金融组织与企业联系不紧密，存款来源减少。

2. 商业保险覆盖率不足，远小于政策性农业保险和合作医疗保险。大部分较发达地区的农户在参与农业保险和合作医疗保险方面较为积极，而对商业保险的积极性不高。这是由以下几方面造成的：首先，由于政府大力推行农业保险且在支付保费方面给予农户一定的政府补贴，这便激励了农户去购买农业保险。其次，季节和气候的变化对农业生产具有较大的影响，不同保险标的面临不同的风险，出于在农业的进展过程中发生灾害的不确定性更大的考虑，农户很愿意通过农业保险转移风险。而不愿意购买商业保险，这些保险的标的通常为人身、财产等，农户普遍认为发生此类事故的可能性很低。

3. 非正规融资渠道在很大程度上取代了正规金融渠道。调查显示，在解决资金短缺问题时，绝大部分的农户会倾向于选择向亲友借钱，这种方式基本是没有利息的，“无偿帮工”或“借款给对方也不计利息”的方式为很多农户所采用，用来代替付息的支付。极少数左右的农户倾向于向私人放贷者借款，少数的农户则会采取其他方式。只有较少数的农户选择向农商行和农行借款，这一比例远低于以上非正规融资渠道。因而正规金融组织受到非正规金融的排挤，非正规融资渠道成为了较发达地区农户筹集资金的首选方式。

综上，农村商业银行要充分发挥利用其专业优势，积极主动地构建与客户的良好关系。农村商业银行在农村金融支持上的作用受限的原因源于农户申请贷款的阻碍和非正规融资渠道的挤占。要解决受限的问题，一方面应当依据需求进一步完善和丰富金融服务与金融产品；另一方面要发挥非正规融资渠道不具备的优势，提高商业银行吸引力。将商业保险与农业保险相结合，共同构建农村保障体系。商业保险可以补充农业保险产品的投保范围和保险责任范围，因此政府和保险公司可以将一般性商业保险与传统农业保险结合，将农村特殊险种纳入，使险种组成多样化，构建新型农村保障体系。

3.2.2 资金总体需求不足导致农村剩余资金流向城市

农村总体资金需求不足，储蓄多、贷款少，农村剩余资金流向城市。

1. 农村金融需求主体的结构性发生变化导致总需求不足。可以将农村金融需求主体划分为个体工商户、私人企业、专业农户、一般农户，这些不同主体对金融的总体需求存在明显差异。个体工商户和私人企业对资金的需求数额一般较大，主要来自于生产周转；专业农户的资金需求一般也较大，其在年末基本上是收入与支出相抵消，更容易产生资金需求；而一般农户则较少有资金需求，因为他们大多从事非农产业，其主要收入来源为外出务工收入，他们往往具有较多的资金结余，很少具有资金需求。这些主体的需求特点就决定了现阶段农村剩余资金多流向城市的现象。随着新农村建设以及城镇化的不断发展，农村金融需求主体逐渐从专业农户变为一般农户和个体工商户。来自于金融需求主体结构上的变化，使得较发达地区的总体资金需求量下降，农村剩余资金多流向城市。

2. 资金结余户的增多导致采用直接融资方式的交易成本降低。金融组织存在的一个主要职能和作用是利用其独有的规模优势降低二者的交易成本，作为资金需求者和资金供给者的沟通桥梁。由于较发达地区农户的平均收入相对高于全国农户的平均水平，当产生资金盈余时，储蓄率必然相对提高。在较发达的农村地区，大部分家庭基本都有储蓄资产，当发生短期的资金周转困难时，自我积累或从亲友处获取的方式可以有效地解决资金难题。由于双方基本不存在信息难以获取的情况，降低了交易成本。同时这种方式绕开正规金融组织，即便是收取利息也往往低于银行的贷款利息。这种民间直接融资的行为，导致对农村金融组织贷款服务的需求不足。

对此应当优化农村产业结构，刺激农户消费需求，促进农村资金回流。由于储蓄多，贷款少，农村资金大量外流。政府要加快农村产业结构调整，充分利用农村各种资源和生产要素，引导农户从事专业化、商品化的养殖种植。积极鼓励农户自主创业，勇于创新，积极发展农村非农产业。此外，采取优惠政策刺激农户的消费需求，鼓励消费贷款。

3.2.3 农村信用环境较差

农村信用环境问题，影响了农村金融生态环境的构建和融资效益的发挥。改善农村信用环境，是新农村建设中构建良好金融生态的基础条件与前提。农民专业合作社是新形势下农村经济发展创新的一种生产经营模式。但是，在农民专业合作社发展过程中存在管理和运作不规范、金融服务缺位等诸多问题。农村征信知识宣传力度不够，农民专业合作社高级管理人员普遍缺乏信用意识，农民还贷偿债的自觉性较低。农民专业合作社社员个人信用档案缺失，金融机构贷款缺乏重要参考依据。部门信息交流共享过于滞后，工商、司法、社保、税务等部门所掌握的信息相对分散，影响金融机构贷款决策。农村地区缺乏专业管理部门，逃债赖账行为得不到有效制裁，使得农村信用环境差。同时，受农户贷款散、贷款额度小等特点的制约，为尽量避免违约风险，金融组织在贷款前必须花费很多的人力、物力、财力建立农户信用档案，往往使得成本大于所获收益，这必然导致国有控股商业银行的不作为态度，较高的交易成本阻碍了农村金融的发展。此外，很多农户认为国家的钱不贷白不贷，即便还不上款家里的土地、房产也不会被收走，在这种意义上，农户通常把获得的贷款当作国家的救济金使用。他们通常不会制订明确的还款计划，也不明白及时还款的重要性，拖欠、违约、赖账的情况时有发生，严重影响了农村地区的信用环境。另外，农村地区没有独立的评估组织，由于法律、会计、审计等咨询机构受利益驱动比较大、规范化程度不高，这些机构往往不愿意进驻农村地区，无法为农村企业和农村金融组织提供准确、有效、全面的相关信息，导致农村地区缺乏金融组织对农村客户的综合信用评价。因此金融组织在为农业和农户贷款时更加审慎，导致农户贷款困难的恶性循环，影响了农业扩大生产和农村经济发展。

3.3 欠发达地区农村金融市场现状

经过多年的改革与发展，我国建成了政策性金融、商业性金融和合作性金融等多种形式的金融体系，在很大程度上推动了农村经济的发展。但由于历史和体制性原因，我国农村在发展过程中仍然处于相对弱势状态，且农村金融发展存在差异化。其中一些问题在欠发达地区农村尤其显著。目前，我国欠发达地区农村金融机构资源分配不均、服务水平受限，农村金融机构支农作用严重弱化，从而导致欠发达地区农村经济发展资金瓶颈长期存在。究其原因，一是农村金融组织机构的收缩和退出，形成了信用社孤军服务“三农”的格局，加剧了农村资金市场供求矛盾。二是农业产业化资金需求量大，“一社难支三农”。加之，农村资金外流情况严重，邮政储蓄存款上交中央银行；国有商业银行吸收存款多、投入少，使本来就脆弱的农村信用社更是雪上加霜，独家支农的局面难以为继。三是严格的信贷管理体制和过高的信贷风险影响农业的信贷投入，同时，农业作为弱势产业，不确定因素很多，一旦遭受自然灾害，导致农业减产绝收，贷款易形成风险，加之陈旧农贷不良率较高，清收困难，这些因素无疑影响和挫伤金融机构支农的积极性，信贷员“慎贷”、“怕贷”思想严重，限制了贷款的有限投入。四是信贷政策把握运用不到位，影响支农作用的充分发挥。总的来说，受政策缺失、金融机构羸弱、风险补偿机制不健全、金融生态环境欠佳等因素的制约，我国大部分欠发达地区农村金融服务体系在支持“三农”经济发展方面的能力和水平远远落后于发达地区和较发达地区。在这样的情况之下，如何完善欠发达地区农村金融服务体系、构建一个适合欠发达地区的金融组织发展模式，成为研究农村金融发展问题的重中之重。

3.3.1 原有支农机构的退出加剧农村金融服务供需矛盾

农村地区金融供需矛盾中，影响最大的为农村地区金融机构网点收缩与日常服务需求的矛盾。随着银行基层网点的撤并，特别是信用社撤销以后，局部地区出现了金融网点空白，形成金融服务盲区。基层网点撤并也导致多数地区出现金融机构网点单一化，降低了服务质量。使得当地居民业务办理耗时耗力，资金安全也得不到保障。再次，金融“漏洞”效应加剧农村金融供需矛盾。随着正式金融机构大规模压缩基层经营机构、上收贷款权限，造成大量储蓄资金的上收和外流，较为典型的是邮政储蓄银行，其利用在农村地区网点多、人员多、辐射广的优势，从农村地区吸收了大量储蓄存款，这些资金绝大部分进入了城市，加剧了农村资金短缺状况。由于资金的严重外流，欠发达农村地区的农村金融组织支农力度严重不足。在欠发达地区，邮政储蓄占据了大量的农村资金，它吸收大量的农村储蓄但只将部分资金回流到欠发达地区，支农力度薄弱。随着国有商业银行股份制改革，近年来邮政储蓄银行和国有控股商业银行普遍存在系统内资金上存现象，将农村地区吸收的资金上存到城市地区，进一步加剧了欠发达地区资金供求矛盾。农村资金被大量抽条出去使得农村信用社筹资难度进一步加大，也严重影响了农村金融服务与金融支持的效果。1998 年以来，四家国有商业银行业务重点开始逐步向大城市转移。网农业发展银行作为农村地区重要的金融组织，应依附于农村服务于农村，但农业发展银行的业务单一，金融服务功能不能得到充分的发挥，丧失其重要作用。发放和管理粮、棉、油收购资金是当前农业发展银行的基本职能，其职能发挥的好坏受单一的国有粮棉油流通环节信贷服务的制约。粮棉油流通领域政策性经营空间由于其市场化进程的加快而不断缩小，农业发展银行在粮棉油收购方面的贷款业务量将大幅下降。因此农业发展银行在拓展其业务范围、改善农业生产条件、加快调整农业产业化结构和促进农民增收方面的金融服务功能还没有得到充分发挥。

3.3.2 农村经济基础薄弱导致信用社支农乏力

农村信用合作社是我国农村最主要的金融机构，是我国农村经济发展的重要支持。欠发达农村地区经济基础薄弱，金融市场发展落后，往往存在农村经济主体因抵押品不足，即便有资金需求也几乎无法获得贷款的现象，特别是欠发达地区，此现象极为明显。从农村信贷组织来看，农村信用社作为欠发达地区最主要的支农力量，首先，农村信用社产权划分不明晰一直是一项困扰，这使得农村信用社自身的资金配置与运用处于无效率的空置状态，阻碍了其自身发展，农村信用社缺乏有效的约束与激励机制，内部人员素质欠缺，沉淀了大量不良资产，造成了其历史包袱沉重和较差的抗风险能力。其次，农村信用社目标多元化。受到来自国家和市场的多重作用，农村信用社一直没有独立的发展目标，而受这种多元化目标的影响，其自身势必会受到多方面限制。农信社自身素质不高，很难服务分散的农户。再次，农村信用社由于规模太小、金融产品单一、资金筹集难、电子化程度低等，难以满足农村地区农户和农村企业日益增长的多样化的信贷需求。最后，不少地方的农村信用社逐渐向商业银行蜕变，已经出现对农民“惜贷”的现象，使得农村金融组织对农村金融服务支持缺乏力度。

3.3.3 农村资金筹集困难

欠发达农村地区由于其经济基础比较薄弱，各方本应努力对其进行资金输入，但该地区居民微薄的收入在现有条件下只能维持其基本的生活和生产需求，欠发达地区靠一己之力很难有多余的资金用于农业技术改造和产业结构调整方面。与此同时，传统金融组织的分流现象使得农村金融资源更加稀缺。将资金转向安全性和收益性更为匹配的地方使得邮政储蓄银行大量抽离农村资金，使其源源不断地向城市转移，加剧了欠发达地区的资金短缺的恶化局面。由于欠发达地区的正规金融组织不能不能有效满足农村金融需求，传统的民间非正规金融有了更大的发挥空间，存在非正规金融与正规金融并存的现象。即便农村民间借贷在某种程度上缓解了农民贷款难的问题，但是各地区很难对民间借贷行为进行规范化的管理和制约，这就加大了欠发达地区的金融风险。农民的债务负担也因民间借贷的高利率进一步加大了。

3.3.4 落后的金融生态环境严重制约农村金融发展

农村金融得以运行要依托于金融生态环境这一重要的外部环境，良好的金融生态环境是农村金融可持续商业化发展的基础，对农村金融运行起支撑作用。而目前欠发达地区的农村金融生态环境总体水平较差，远不如发达地区和较发达地区，主要存在金融法制环境不佳、信用体系缺失、风险防范机制不健全、基础设施工程建设落后等问题。

虽然近几年我国农业保费收入在国家的政策与扶持下不断上升，但目前保险公司在欠发达农村地区提供的农业保险几乎空白，业务范围主要集中于发达地区和较发达地区。欠发达地区农业生产由于各种因素难以从有效规避自然灾害风险和市场风险，缺少满足需要的农业保险险种，严重阻碍了农业稳步发展和农民收入保障。包括典当行、担保公司等在内的欠发达农村地区的其他非银行金融组织，基本上只是商业化运作，没有服务“三农”的积极性，其一切都处于利益考虑。

欠发达地区农村金融生态环境与农村金融发展需求的不相适应，阻碍了欠发达地区农村金融的可持续发展之路。

3.3.5 农村贷款缺乏有实力且愿意承担风险的担保人

欠发达地区农村企业多为小微企业，因此他们也具备小微企业金融需求中的一些共有问题。一是农村企业实力孱弱，没有长久发展前景，同时不具备抗击风险能力和市场竞争力。部分企业自有资金不足，专靠贷款、欠款和拆借资金度日，市场稍有变动，企业就难以招架。这种先天性不足，使得银行不敢放贷。二是贷款手续繁琐，抵押担保难。一方面农村企业的产品大多是原材料，没有高级的技术含量，难以得到银行的资金支持；另一方面农村企业没有可供抵押的有效资产，达不到银行要求的抵押担保条件。三是农村企业融资渠道狭窄，融资成本高。由于我国资本市场欠发达以及中小企业的弱势地位，银行对其贷款实行较高的利率浮动，而民间借贷也多为基准利率的几倍，融资成本过高。四是多数农村企业规范的企业管理制度，财务透明度低。大多数企业财务账务不健全，财务报表未经审计，企业的资产、负债、销售等情况不明，银行很难掌握真实的资金运行情况，因此银行不敢轻易向这些企业发放贷款。此外大多数农村金融组织由于农村贷款额度偏小、农户资金需求满足率偏低等原因不敢发放贷款，发放的贷款量难以满足当前农村经济发展需要。作为农村金融服务体系中的主力军的农村信用社，由于其过去积攒了大量的呆账，每年中国人民银行都需要对其给予大量的支农再贷款补给用以填补支农缺口。但是欠发达地区的农村信用体系尚不健全，即便中央即将采取央行票据的方式能部分缓解信用社的呆账坏账压力，但农业企业经营者和农户由于其信用意识薄弱，很多不能及时还款。出于规避风险的考虑，欠发达地区农村金融组织不敢将资金投放到信用意识淡薄的农户和企业。应考虑在普惠金融发展的初期，由政府协助建立相对规范的担保体系。

4 农村金融体系的影响因素分析

4.1 需求主体因素

4.1.1 农村金融需求主体及需求特征

从金融服务需求产生的角度而言，其生产主体为：农户、农村企业和政府。并且，金融服务需求是多种多样的，既有信贷需求，也有储蓄、保险、投资等的需求。在所有金融服务需求中，从满足需求的难易程度来看，信贷需求是首要的需求，需求主体的信贷能力具有鲜明的层次性，因此，不同的需求主体应该需要不同的金融组织和不同形式的金融供给来满足。见表4－1。

表4－1　信贷需求主体、主要信贷需求特征与满足方式

信贷需求主体层次		主要信贷需求特征	可满足信贷需求的一些主要方式和手段
乡镇贫困人口		生活开支、创业资金贷款需求	政府救济、政府创业补贴、民间小额贷款、小额信贷、政策性金融、合作金融
农户	贫困农户与维持型农户	生活开支、小规模种养生产贷款需求	民间小额贷款、小额信贷（含商业性贷款）政府扶贫资金、政策性金融
	市场型农户（包括农垦）	专业化规模化生产和工商业贷款需求	自有资金、小额信贷、少量商业性贷款、合作金融

续表

<table>
<tr><th colspan="3">信贷需求主体层次</th><th>主要信贷需求特征</th><th>可满足信贷需求的一些主要方式和手段</th></tr>
<tr><td rowspan="5">企业</td><td colspan="2">微型企业</td><td>启动市场、扩大规模</td><td>自有资金、民间金融、风险投资、商业性贷款（结合政府担保支持）、政策金融、小额信贷</td></tr>
<tr><td colspan="2">小型企业</td><td>启动市场、扩大规模</td><td>自有资金、民间金融、风险投资、商业性贷款（结合政府担保支持）、政策金融、小额信贷</td></tr>
<tr><td colspan="2">有一定规模中型企业</td><td>面向市场的资源利用型生产贷款需求</td><td>自有资金、商业性贷款、政策金融、小额信贷</td></tr>
<tr><td rowspan="2">龙头企业</td><td>发育初期的龙头企业</td><td>专业化技能型生产规模扩张贷款需求</td><td>商业性信贷、政府资金、风险投资、政策金融</td></tr>
<tr><td>完整形式的龙头企业</td><td>专业化技能型、规模化生产贷款需求</td><td>商业性信贷</td></tr>
<tr><td colspan="3">政府</td><td>基本建设资金需求</td><td>财政资金、BOT、村集体资金等</td></tr>
</table>

1. 农户信贷需求。根据农户的信贷需求特征，可以将农户分为三类：贫困户。贫困户是一种特殊的信贷需求主体，他们的生产和生活资金均短缺，有迫切的信贷需求，但基本不能提供任何抵押品，还本付息的能力较差。

维持型农户。这一类农户基本解决了温饱问题，借款的目的主要是应付季节性的生产资料购置或者临时的周转需要，数额一般不太大，对利率不太敏感，有较好的还款意愿和还款能力，贷款风险较小，回收率一般在90%左右。

市场型农户。这一类农户的经营活动是以市场为导向的专业化技能型生产，是农户实现增收的和农村经济结构调整的重要途径。借款主要用于土地改良或农机购买等，其信贷需求大于维持型农户，借贷资金的时间更长但同样缺乏商业贷款所要求的抵押担保品。

2. 乡镇企业。乡镇企业按信贷需求特征分为以下几类：微型企业（如个体工商户）、小型企业、中型企业和龙头企业。这里重点介绍中小型企业和龙头企业。

农村资源型中小企业。这类企业是乡镇企业的主体，多数是立足于当地资源，生产面向市场的资源产品。由于市场供求和需求变化较大，这类企业的生产经营活动风险较大。同时由于企业规模较小，内部管理和财务信息等不够规范，金融机构面临的信息不对称严重，因此贷款的风险较大。

龙头企业（+基地+农户）。这种形式的企业一般规模较大，效益较好，且以其特殊的产业连带效应和对农户增收的特殊影响力，受到各方的支持和关注，被认为是中国农业产业化发展的主体模式。内部管理和财务信息相对规范，提供抵押担保的能力较高，还款能力和还款意愿较大，贷款风险较小。

3. 政府。政府对金融的需求主要体现在新农村建设中的农村基础设施上，其包括农田水利、耕地质量和生态建设，乡村基础设施建设（生活基础设施、能源建设、公路等），村庄规划和人居环境治理等。这些基础设施建设一般（除了水电和高速公路）社会效益大而收益小，信贷资金需求规模大但建设时间长，回收慢，且缺乏抵押品，具有公共产品或准公共产品性质。

4.1.2　农村金融需求下的信贷约束

农村信贷约束是从需求方的角度来阐述金融市场上需求方面面临的金融限制，它是指信贷实际获取数额不能满足需求方所需要贷款的一种情形。农户对资金的需求逐渐由小额的应急需求向额度较大的致富需求转变，由农业生产需求向创业需求转变。国际上把信贷约束归纳为三个方面：一是数量的约束，即存在规模约束，农户获得的资金规模小于需求；二是交易成本的约束，农户贷款可能要付出更高的成本；三是风险的约束，农户担心无法获得贷款。目前，农业银行、农业发展银行主要是对农业龙头企业、粮棉收购企业以及一些资质比较好的私营企业提供资金，农村信用社主要是给有抵押、有担保的农户以及一些企业提供贷款。可以看出，缺乏抵押品、难以获得担保的大量小农户和小企业是得不到有效的金融服务的。

农户信贷满意度方面，调查显示大部分农户对农村信用社信贷不满意，主要原因包括以下几个方面：信用社办事效率低下、信贷手续烦琐、个别信贷人员索要回扣或礼品，等等。同时部分农户认为信贷利率过高，其主要原因包括：部分信用社变相提高贷款利率，或向贷户收取工本费，甚至让贷户摊销费用；农民对农村信用社贷款利率政策不了解，拿信用社贷款利率与农行或其他商业银行进行比较；农民对贷款知识不了解，不知道贷款逾期、挪用有加罚息规定等等。同时，在农村信贷方面还存在以下问题：农村信用体系不健全，农户担保难、贷款难问题突出等等。

从农村金融服务体系看，由原来的工行、建行、农行、农村信用社、邮政储蓄减少为现在的农村信用社和邮政储蓄。从信贷支持看，仅有农村信用社独占农村金融市场，虽然在一定程度上满足了农村、农业、农民发展经济的资金需要，较好地支持了农村经济发展，但由于受自身经营规模和经营体制所限，其资金供给总量远远不能满足农村经济发展对资金的需求。

4.2 供给主体因素

4.2.1 农村金融的供给现状

为解决农村金融发展中的问题和困境，我国农村金融在经历多次重大改革后，目前逐步形成了由农业银行、新型农村金融机构、农业发展银行、邮政储蓄银行、城市商业银行、村镇银行、小额贷款公司等组成的农村金融体系，我国农村金融市场呈现良好发展态势。2015 年，黑龙江省金融业总体保持稳健运行，银行业规模持续扩大，年度信贷增量创历史新高，涉农、小微、民生领域贷款投放增长较快，融资成本下行明显，证券市场交投活跃，保险功能日益增强，债券融资势头良好，普惠金融环境逐步优化，金融服务实体经济重点领域和薄弱环节的能力与水平有所增强。

一是机构体系日益壮大，资产总量稳定增长。2015 年，全省银行业金融机构资产总额增长 19.4%（见表 4－2）。从法人机构来看，大庆市区农村信用社和大同农村信用社合并改制为大庆农商行；哈银租赁公司业务发展较快，资产总额比上年增长 112.5%，如表 4－2 所示。截至 2015 年年末，据统计，共有县及县以下金融机构网点 6633 个，比 2004 年年末增加近几千个。商业银行、新型农村金融机构等纷纷在农垦地区粮食主产区建立分支机构，逐步改善了该省农村地区金融机构网点覆盖率低、金融服务空白、竞争不充分的状况。

表 4－2　2015 年黑龙江省金融机构概况

机构类别	营业网点			法人机构
	机构个数	从业人数	资产总额	
一、国有商业银行	2068	54004	10026.3	0
二、国家开发银行和政策性银行	90	2627	6714.6	0
三、股份制商业银行	167	4495	3149.1	0
四、城市商业银行	553	13228	6675.5	2

续表

机构类别	营业网点			法人机构
	机构个数	从业人数	资产总额	
五、城市信用社	0	0	0.0	0
六、小型农村金融机构	2049	29511	4060.2	80
七、非银行金融机构	5	2494	394.5	3
九、邮政储蓄	1694	17828	2079.1	0
十、外资银行	7	132	41.4	0
十一、资产管理公司	4	204	124.2	29
合计	6637	124523	33388.5	114

数据来源：黑龙江省银监局，《2015 年黑龙江省金融运行报告》。

二是新型农村金融机构逐步建立，有效缩小了城乡金融差距，改善了农村地区金融服务。黑龙江省先后成立了 59 家村镇银行、6 家农村资金互助社，批准筹建了上百家小额贷款公司，弥补了农村金融供给不足、竞争不充分等问题，规范和引导民间融资投向农村金融市场。

三是农业银行、建设银行逐渐恢复农贷业务。2012 年以前，农村信用社在农村金融市场处于垄断地位，发放农业贷款主要集中在对种植业、养殖业的扶持上。截至 2015 年末，黑龙江省内各金融机构设立涉农专业服务部和专业支行 544 家，同比增长 4.4%。地方金融机构设立村镇银行 19 家，县级以下地区新设涉农融资担保机构 10 家、小额贷款公司 28 家，两家农村信用社改制为农村商业银行，民间借贷服务中心、农村物权融资服务中心、农村资产登记融资中心等配套服务机构不断涌现，多元化的金融组织体系逐渐形成。

四是省邮储银行巩固和发展农村金融市场。省邮储银行成立后，全力发展农户、农商户、农场职工贷款客户，实现产品突破，市场突破。

五是地方银行发挥地方金融机构的特点，巩固扩大农户贷款市场规模，推出“金稻谷”、“助农富”等小额农贷产品。

六是农村信用社改革成效显著，支农服务功能显著增强。近两年，农村信用社传统农户贷款额度增加到 10 万元、利率水平不断下调、贷款期限延长、贷款手续简化。

七是农业发展银行积极拓展农业信贷领域，将信贷投向拓展到县域城镇建设、农业综合开发及农村基础设施等方面，今年以来共投放这三个方面的贷款 49.0 亿元。

八是2012年年末成立的龙江银行，以农业产业为重点，走专业化、精细化、差异化、特色化发展道路，保持了良好的发展态势。龙江银行是新设合并几大主要城市的城市信用社而设立的股份制银行，并引进该省大正投资集团有限责任公司、中粮集团有限公司、北大荒农垦集团总公司、上海（上实）集团有限公司、上海国际集团等国内一流战略投资者。龙江银行以农业产业金融为重点，走农业特色化道路，实现先进、科学、高效管理。龙江银行在筹建模式和管理体制上进行了有益的创新和尝试，采用了市场化运作模式，股权结构设定合理。龙江银行注册资本30.8亿元，各项存款343.51亿元，各项贷款160.37亿元。龙江银行总行设在哈尔滨，并将在省内外逐步设立分支机构。现有营业网点102个，从业人员2226名。市场定位主要面向农业产业、中小企业和地方经济。

4.2.2 农村金融供给下的金融排斥

目前，我国广大农村地区普遍存在金融排斥现象，农村金融服务水平不太令人满意，在一定程度上影响农民增收和新农村建设。金融排斥是指社会中的某些群体由于多种原因难以进入主流金融体系，缺乏或没有能力以恰当的形式获得必要的金融服务。这包括社会中的弱势群体缺少足够的途径或方法接近金融机构，以及在利用金融产品或金融服务方而存在诸多困难和障碍。以下调查对象以东北三省为例。

1. 我国农村金融排斥的主要表现与空间差异。由于我国农村地区保险中介机构较少，故选用农村地区银行业金融机构覆盖率作为反映区域金融排斥。从农村金融机构覆盖率上看（如图4－1所示），2015年全国为2.69，东北三省中黑龙江最低，存在明显的农村金融排斥现象。

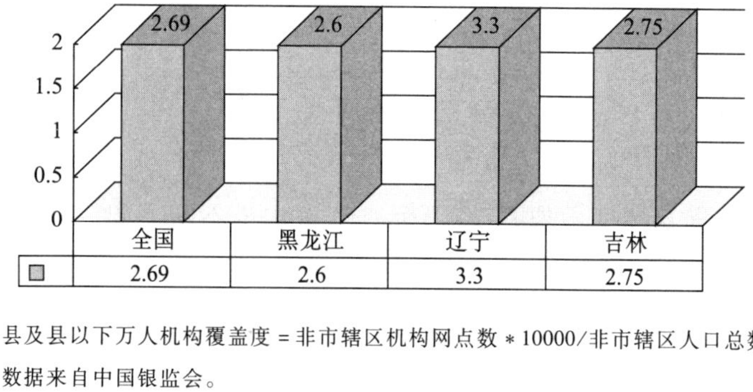

注：1. 县及县以下万人机构覆盖度＝非市辖区机构网点数＊10000/非市辖区人口总数。

2. 数据来自中国银监会。

图4－1 2015年全国和东北地区农村金融机构覆盖度表（全国县及县以下万人）

图4－2为涉农贷款比例。从涉农贷款占各项贷款余额的比例来看，黑龙江省为43.9，是东北地区中最高的，高于吉林省（33.8）。从小微企业贷款来看，整个东北地区都是低于全国水平，尤其是黑龙江省，在东北地区各省中又是处于最低水平，为12.8。这表明，由于第一产业比重较大，东北地区的涉农贷款水平要高于全国水平，但是，从东北地区内部看，黑龙江省农村地区金融排斥现象要高于吉林省。

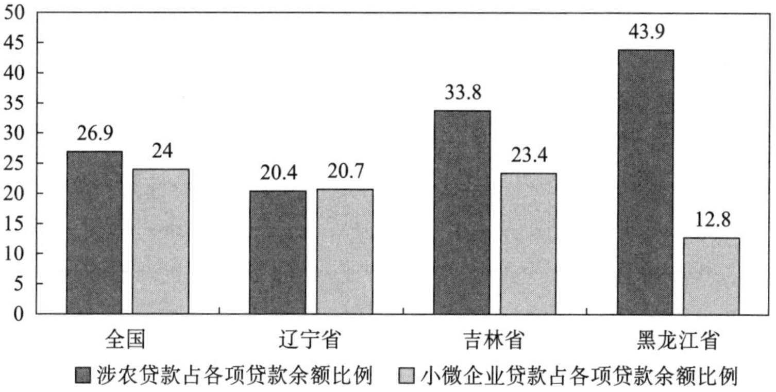

图4－2　农业贷款、农户贷款占比（2015）

2. 我国农村地区金融排斥的省内差异。2015年年末，黑龙江省县及县以下农村地区，银行业金融机构网点共有2049个，占全省机构网点总量的30.8%，平均每个乡镇分布银行业金融机构网点2.31个，每0.45个行政村才分布0.22个（如表4－3）。具体如表4－3所示。其中，农村信用社营业网点1559个，农村商业银行营业网点425个，其他农村机构营业网点合计65个。网点结构来看，除农业银行外，国有控股的四大商业银行在农村地区网点数较少，存在着对农村地区的金融地理排斥，广大农村地区很难享受到他们的金融服务。从县及县以下平均每万人拥有银行业金融机构网点2.59个，拥有银行业金融服务人员37.32个。

表4－3　　2015年黑龙江省银行类金融机构网点数

网点与地区	营业网点数		有贷款功能营业网点数	
	全省	农村地区	全省	农村地区
总数	6637	2049	3051	1770
五家商业银行	2068	335	997	441
其中：中国农业银行	675	237	453	284

续表

网点与地区	营业网点数		有贷款功能营业网点数	
	全省	农村地区	全省	农村地区
政策性银行	90	62	89	62
其中：农业发展银行	88	62	87	62
股份制商业银行	167	0	59	0
城市商业银行及城市信用社	553	29	110	24
各级农村信用社	1559	1382	1271	946
农村合作银行	425	30	18	18
邮政储蓄机构	1710	201	502	269
新型农村机构	5	5	5	5
村镇银行	59	4	4	4
农村资金互助社	1	1	1	1

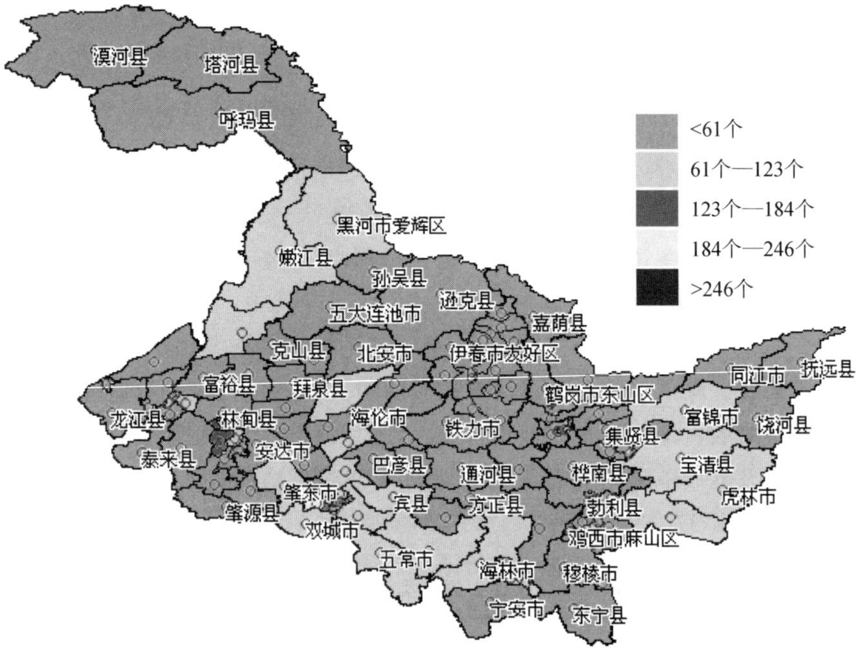

图 4-3　黑龙江省农村地区银行网点分布

从图 4-3 可见，农村各地区银行网点分布不均衡，三江平原地区的富锦、宝清嫩江平原的嫩江县、南部的五常、双城等银行网点数较多，而其余的广大农村银行网点分布现对较少。另外，黑龙江省64个县（市、旗）中尚有49个镇（乡）因地理位置偏远、交通不便未设任何银行业金融机构营业网点，成为金融机构服务的“盲点”。可见金融的地理排斥在黑龙江省仍然广泛存在，它妨碍了农户和企业接近当地金融资源，严重的甚至已经形成金融空洞。金融空洞的存在便会通过马太效应，使金融发展水平极低的村镇和城乡边缘区陷入资金外逃和金融发展落后的恶性循环之中，既不利于该省经济发展，也有可能引发当地的社会排斥。

表4-4　2015年黑龙江省银行类各金融机构贷款余额　单位：亿元

	各项贷款余额（亿元）		农业贷款余额	
	全省	农村	全省	农村
五家商业银行	5488.26	838.85	630.95	489.05
中国农业银行	1684.2	437.86	421.63	390.96
政策性银行	2746.37	921.21	888.23	774.63
农业发展银行	1524.45	948.58	833.23	743.63
股份制商业银行	1019.778	0.00	48.7	0.00
城市商业银行及城市信用社	1273.24	428.96	367.64	313.89
各级农村信用社	1386.42	996.23	912.68	821.56
农村合作银行	249.53	109.53	88.09	74.09
农村商业银行	279.54	169.54	127.98	97.98
邮政储蓄机构	975.33	130.45	108.57	98.66
新型农村机构	8.89	8.89	6.97	6.97
村镇银行	8.89	8.89	6.97	6.97
农村资金互助社	0.0059	0.0059	0.0059	0.0059

从表4-4的存贷款余额来看，2015年，银行业金融机构各项存款余额21429.8亿元，其中在农村地区存款4285.96亿元，占20%；各项贷款余额16644.9亿元，其中在农村地区贷款4999亿元，占30%，远远低于城市地区贷款余额。农村人均贷款水平来看，黑龙江省内也存在严重的区域不平衡。从贷款结构来看，绝大多数贷款由农信社和农业发展银行提供。很多金融机构在农村地区仍然大量吸储而不发放贷款，绝大部分的邮政储蓄机构不具备贷款功能，如表4-3，黑龙江省共有邮政储蓄银行1710家，而在农村地区具有贷款功能的网点则只有201家。

3. 我国农村存在金融排斥的原因分析。

我国农村金融排斥主要基于以下原因：

一是评估排斥。评估排斥是指主流金融机构通过风险评估手段对经济主体施加的准入限制。随着金融业的改革深入，我国金融业竞争日益激烈，金融机构越来越重视风险控制，尤其是农村金融机构的风险评估程序限制了农户接近金融资源。农村金融机构对信贷风险的评估，一般都认为农业属典型的弱质产业，生产周期长、对自然条件的依赖性强、抗御灾害能力弱，并且农村信用环境差，贷款发放后没有安全保障。因此，而对农村地区的金融需求，我国的农村金融机构在经营中为防止事前的逆向选择和事后的道德风险，便形成了一套较为完善的制度和方法，如采用专业化、标准化和流水线式的作业方式，使用标准化的合约格式，在内部管理中实行较为严格的信贷管理政策等，从而形成农村金融机构在信贷风险的评估程序中将农户接近和使用金融资源的金融需求排斥在服务范围之外。

二是条件排斥。条件排斥是指对经济主体获取金融产品的附加条件不尽合理。在金融机构商业化、市场化经营成为主流的同时，金融机构经营战略与经营行为的不断调整排斥着低收入人群、欠发达地区的现象也已经开始显现。农户即便能够接近金融资源，但真正要获得定的金融服务如贷款，也要满足农村金融机构的些附加条件，这些附加条件农户也往往难以达到。按照农村地区金融机构的信贷制度要求，在发放贷款时，往往是抵押或信用贷款，由于农村金融机构没有建立起全面、系统的农民个人信用档案，而农民也难以提供证明自己信誉和还款能力的有效资信；在农民缺乏可抵押的资产，即便在现在形势下，可以以确权认证的土地承包权进行抵押，其操作性受到各种制约，发展得并不顺利。金融机构即便是向农民发放担保贷款，农村中也很难找到有担保能力并愿意为农民贷款承担保证责任的担保人和担保物。这样的要求在很大程度上已经将广大农户排斥在金融服务之外。

三是价格排斥。价格排斥是指金融产品价格过高并超出了某些主体的偿付能力，将这些经济主体排斥在外农村金融机构对农户的金融需求也具有较强的价格排斥性。以主导农村金融供给的农村信用社为例，信用社出于自身财务上可持续发展和盈利的考虑，在经营中也有日趋脱离“三农”的商业化倾向。有研究表明，在政策允许的情况下，农村信用社贷款利率大部分上浮幅度达到或接近最高限，增加了农户借款的成本。可见，我国农村金融服务的主要供给者——农村信用社，在贷款价格方面已经对大多数农户的金融需求产生了排斥性，降低了农户对资金的可获得性。

四是营销排斥。在市场营销方面，农村金融机构的经营取向也把农村地区的金融需求排除在金融产品营销目标市场之外，涉农金融机构的市场定位和营销取向也在逐渐偏离农村。如近年来，随着金融机构商业化的快速推进，我国最基本的四大农村金融机构（中国农业银行、中国农业发展银行、农村信用社、邮政储蓄）在市场营销和目标定位方面也有相当一部分业务将广大农村地区需要的金融服务排斥在外，从而形成农村金融发展中的营销排斥。

农村金融排斥使得金融机构退出与放弃农村金融领地，金融机构的退出会加剧本已稀缺的农村金融资源大量外流，农村金融服务水平低下，从而使农村经济发展落后，金融生态环境难以改善，正规金融机构“惜贷”，其结果必然会使农村金融进入下一轮回的金融排斥。经济与金融的恶性循环圈将引发农村步入金融更加排斥、经济更加落后、社会更加不稳的境地，从而给新农村建设造成非常不利的影响。

因此，要从整体上缓解农村金融排斥，必须建立普惠性的农村金融体系，保障每个经济主体金融权利的平等，普遍惠及一切需要金融服务的社会群体，尤其应惠及于被传统金融体系所忽视的农村贫困群体。

4.3 市场建设因素

4.3.1 农村金融市场现状

近年来，邮储、村镇、城市商业银行等金融机构先后进入农村市场，农业银行、建设银行也逐渐恢复部分农贷业务，竞争性农村金融市场格局初显，信贷投放量逐年增加，维持生计型贷款满足率创新高，部分地区融资成本降幅明显。各金融机构还结合经济发展实际，探索创新方便、快捷、可操作性强的信贷产品，提高了金融服务效率和水平，促进了县域经济发展。

农业保险、信贷抵押担保情况。目前我国开展涉农保险业务的机构主要是农业相互保险公司和中保财险公司，在开展业务时，推进难度较大。一是农民对农业保险产品还缺乏足够认识，有效需求不足。二是目前保费匹配实行倒挂政策，地方拿出配套资金后，国家资金才能到位，对于一些财政依靠转移支付的地区，拿出这笔资金比较困难，导致了部分农业保险推进缓慢。三是当前农业保险的险种少，仅限于粮食生产、奶牛养殖，一些养殖户与种植经济作物的

表 4-5　　农村地区主要的金融机构

性质	机构
政策性金融	农业发展银行
合作性金融	该省农村信用社
商业性金融	农业银行
	邮政储蓄银行
	地方城市商业银行
农村新型机构	村镇银行
	小额贷款公司
	资金互助社
	其他合作性金融组织

农户，保险需求得不到满足，经济收入平稳增长缺乏保障，也直接导致农村金融市场的信贷风险较高。同时，缺乏有效担保抵押物，也是农民和农村地区中小企业贷款难的重要原因之一。

4.3.2 农村金融市场的问题

竞争性的农村金融市场远未形成。农村信用社一家独大的格局和信贷资源稀缺的现实，导致农村金融市场卖方市场特征明显，农民和农村中小企业处于弱势和被动地位难以避免。

农村金融产品功能不能满足需求。主要表现在：

1. 信贷品种单一。农村金融产品主要是提供小额短期贷款，仅限于解决短期资金需求，不能满足农村多元化的信贷需要。不同收入水平和生产类型的农户对金融需求的层次不同，一些农户不仅需要生产性信贷产品，而且需要生活性的多元化信贷产品，而种养大户、龙头企业等则希望有适合其资金需求的大额度中长期信贷产品。近年来，农村公共产品方面的金融需求迅速增加，如子女求学、医疗保健等方面，都需要有多元化的信贷资金支持。

2. 信贷额度仍然较小。据统农村信用联社统计，2008 年农户户均贷款额接近 1.2 万元，比 2003 年提高了 5.4 倍，但额度仍然不足。据权威部门测算，以黑龙江省为例，目前黑龙江省粮食每亩平均生产成本近 742 元，按户均 30 亩计算，生产成本则达 22260 元。按农户自筹 30% 的资金计算，1.2 万元的贷款可以满足农业生产，但发展养殖业、扩大再生产的资金需求仍得不到满足。

3. 利率相对较高。目前黑龙江省农村信用社的贷款年利率 5.6% 左右，邮储银行贷款年利率 6.31%，远超过城市居民贷款利率。在信用社贷款 1.2 万元，8 个月时间需要支付利息要 448 元，占 2007 年农户生产支出的 4.7%。

4. 期限相对较短。目前农贷产品约期通常是每年的 3 月至 11 月，由于期限短，农民无法在价格最好的时期出售粮食，贷款约期与农业生产、销售的周期不相适应。养殖业与加工业的资金流转周期较长，通常在 1 到 3 年，不到 1 年期的贷款不能满足需求。最后，利息之外的融资成本和时间成本高。农村中小企业办理贷款业务时，需要进行房产、土地与资产等一系列评估，需要接近一个月的时间，评估费用也较高，综合起来，几项评估费已经占到了贷款额的 1%。评估的有效期只有一年，第二年贷款时还要重新进行评估，给农村中小企业增加了不少的额外费用。

4.4 宏观经济与政策因素

4.4.1 构建普惠型农村金融体系的经济环境因素

1. 我国农村金融体系面临的“三农”经济环境。

（1）农业经济发展的整体概况以及农业经济发展对农村金融的影响。我国粮食生产连续获得大丰收。以黑龙江省为例，黑龙江省是全国著名的农业省份和粮食主产区，也是全国最大的商品粮基地，数年来的粮食产量见图 4－4。2009 年，黑龙江省提出了发展现代大农业战略和“千亿斤粮食产能工程”规划。2016 年，黑龙江省农业发展势头良好，农业投入不断增长，黑龙江省农业播种面积逐年增加，粮食产量和商品量屡创新高。2016 年，全年粮食总产达到 6058.6 万吨，粮食产量连续四年超过 6000 万吨。

绿色农业、特色农业和农产品加工业蓬勃发展。但总体上，农业经济发展落后于其他产业，农业自然灾害频发，抵御灾害能力尚弱，农业规模化经营和机械化生产程度不高，农业经济利润率、经济效益较低，农民纯收入总量和增幅均低于城镇居民。

农业发展具有弱质产业性。以黑龙江省为例，图 4－5 为 1978－2015 年黑龙江省 GDP 与三大产业走势图，由图可知，黑龙江第一产业增速远远滞后于其他产业。在 1978 至 1988 这十年间，第一产业与第二、第三产业的差别极小，但是随着改革开放的不断推进，第一产业与其余产业的差距，尤其是与第三产

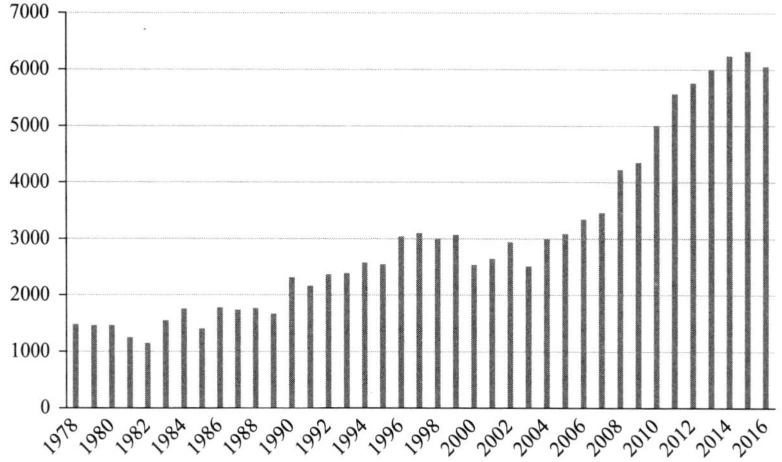

图 4－4 黑龙江省粮食产量（1978－2016）单位：万吨

业的差距逐渐加大。从 1998 年开始，由于国有企业改革的推进，第一产业与第二产业的差距开始逐步加大，而随着振兴东北老工业基地的实施和产业结构的优化，第一产业与第三产业间的差距两倍于第二产业发展。此外还可以看出，黑龙江省第三产业产值逐渐增加，而第二产业产值从 2011 年开始逐年下降，自 2013 年第三产业产值开始超过第二产业，且差距逐间拉大，而第二产业与第一产业之间的差距在逐渐缩小。

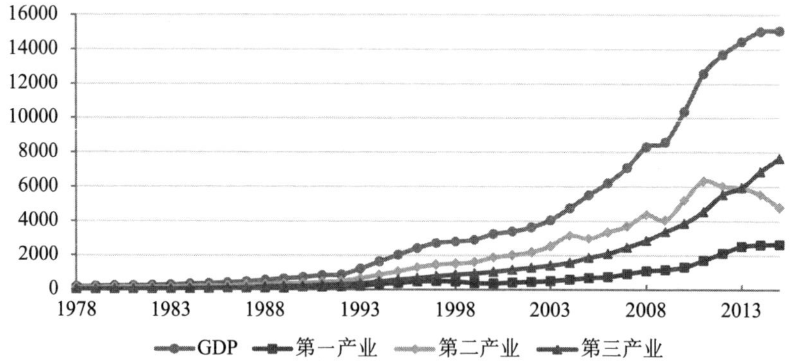

图 4－5 黑龙江省 GDP 和三大产业（1978－2015）

农业对地区经济增长的贡献度可以用第一产业对地区经济的贡献率表示。第一产业贡献率是第一产业增加价值在地区国内生产总值增加值的占比。由下图可以看出，黑龙江省的第一产业在 2000－2015 年这一时期内的贡献度基本维持在7%的水平上，且在三大产业贡献度中的比重最低。此外，作为重要的东北老工业基地黑龙江省的工业经济从2000年到2012年的贡献率基本维持在60%左右，但自2012年之后第二产业的贡献率开始出现大幅度下降。相反，黑龙江省第三产业在2000－2012年这一时期内的贡献度约为33%，但从2012年开始其贡献度出现大幅度上升。

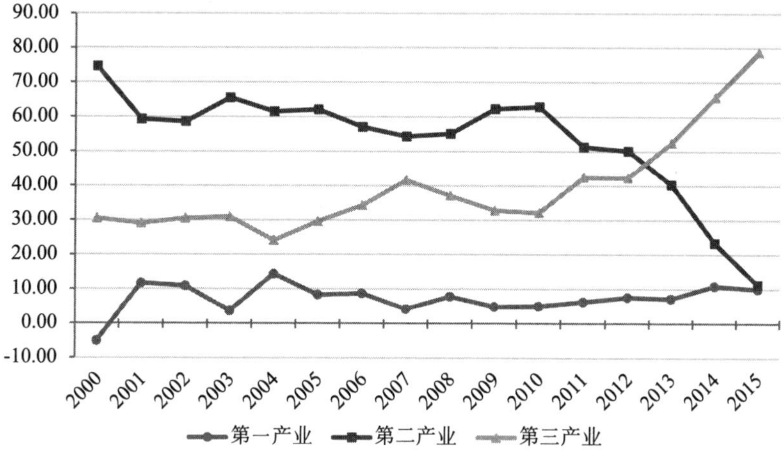

图4－6 我国三大产业贡献率（2000－2015）

此外，可以从黑龙江省地区生产总值构成表（1978－2015）看出，总体来看，第一产业在地区生产总值的比重，从改革开放初期的最高值28.5%大幅下降至20世纪90年代的15%，进入21世纪，逐步下降至1%，而第三产业却与之相反，占地区生产总值的比重由改革开放初期的年均18%，逐步上升至二十世纪90年代年均29%，进入新世纪，进一步逐年上升至2016年的54.0%，对地区生产总值的贡献起到了主导作用。第二产业占比在2008年以前一直保持在50.0%以上，2008年以后逐渐下降至2016年降至28.6%。

表4－6 黑龙江省地区生产总值构成（1978－2016）

年份	地区生产总值	第一产业	第二产业	第三产业
1978	100.0	23.5	61.0	15.6
1979	100.0	23.7	60.8	15.5
1980	100.0	25.0	59.3	15.7
1981	100.0	25.3	58.0	16.7
1982	100.0	25.7	56.7	17.7
1983	100.0	28.5	54.4	17.1

续表

年份	地区生产总值	第一产业	第二产业	第三产业
1984	100.0	27.0	55.0	18.0
1985	100.0	21.7	57.8	20.5
1986	100.0	23.1	53.0	23.8
1987	100.0	20.0	57.5	22.5
1988	100.0	17.1	53.6	29.4
1989	100.0	14.9	54.8	30.3
1990	100.0	22.4	50.7	26.9
1991	100.0	18.0	50.3	31.7
1992	100.0	17.4	51.4	31.2
1993	100.0	16.6	54.2	29.2
1994	100.0	19.0	53.0	28.0
1995	100.0	18.6	52.7	28.7
1996	100.0	18.7	53.6	27.7
1997	100.0	17.3	53.7	29.0
1998	100.0	15.5	53.4	31.1
1999	100.0	13.2	54.3	32.5
2000	100.0	12.2	55.0	32.9
2001	100.0	12.8	52.3	34.8
2002	100.0	13.0	50.7	36.3
2003	100.0	12.4	51.4	36.2
2004	100.0	12.5	52.4	35.2
2005	100.0	12.4	53.9	33.7
2006	100.0	12.1	54.3	33.6
2007	100.0	13.0	52.3	34.7
2008	100.0	13.1	52.3	34.6
2009	100.0	13.4	47.3	39.3
2010	100.0	12.6	48.4	39.0
2011	100.0	13.5	47.4	39.1
2012	100.0	15.4	44.1	40.5
2013	100.0	17.5	41.1	41.4
2014	100.0	17.4	36.9	45.8
2015	100.0	17.5	31.8	50.7
2016	100.0	17.4	28.6	54.0

同时，农村金融发展对农业的支持力度越来越大。截至2014年年末，全国涉农贷款余额达23.03万亿元，同比增长13%。与此同时，我国农村金融的服务覆盖面也持续扩大。数据显示，自2009年至2014年年末，全国累计解决1337个乡镇的金融机构空白和708个乡镇的金融服务空白。目前，已有24个

省份实现乡镇金融机构全覆盖，全国近三分之二的行政村实现基础金融服务全覆盖。以黑龙江省为例，金融支持农业发展力度不断增强。2013 年，中国人民银行哈尔滨中心支行制定下发了《关于加强金融服务，“三农”的指导意见》，对金融支持黑龙江省“三农”发展的政策措施进行了统筹规划。在此政策指导下，黑龙江省各金融机构积极贯彻落实国家各项支农政策，不断加大信贷支持“三农”的力度，农业贷款投放持续快速增长。由表可以得出，2004 年到 2013 年，全省农业贷款余额从 162.9 亿元增长到 10259.9 亿元，增长 6298.8%，年均增长率达到 34.8%，远远高于全省金融机构人民币各项贷款增长幅度同时，农村金融发展对农业的支持力度越来越大。截至 2016 年年末，全国涉农贷款余额达 28.2 万亿元，同比增长 7.1%。与此同时，我国农村金融的服务覆盖面也持续扩大。数据显示，自 2009 年至 2014 年年末，全国累计解决 1337 个乡镇的金融机构空白和 708 个乡镇的金融服务空白。目前，已有 24 个省份实现乡镇金融机构全覆盖，全国近三分之二的行政村实现基础金融服务全覆盖。中国银监会印发的《关于做好 2016 年农村金融服务工作的通知》提出要力争 2020 年底全面消除金融机构空白。以黑龙江省为例，金融支持农业发展力度不断增强。2013 年，中国人民银行哈尔滨中心支行制定下发了《关于加强金融服务，“三农”的指导意见》，对金融支持黑龙江省“三农”发展的政策措施进行了统筹规划。在此政策指导下，黑龙江省各金融机构积极贯彻落实国家各项支农政策，不断加大信贷支持“三农”的力度，农业贷款投放持续快速增长。截至 2016 年 6 月末，全省涉农贷款余额 7819.9 亿元，占各项贷款余额的 47.7%，同比增 21.2%。

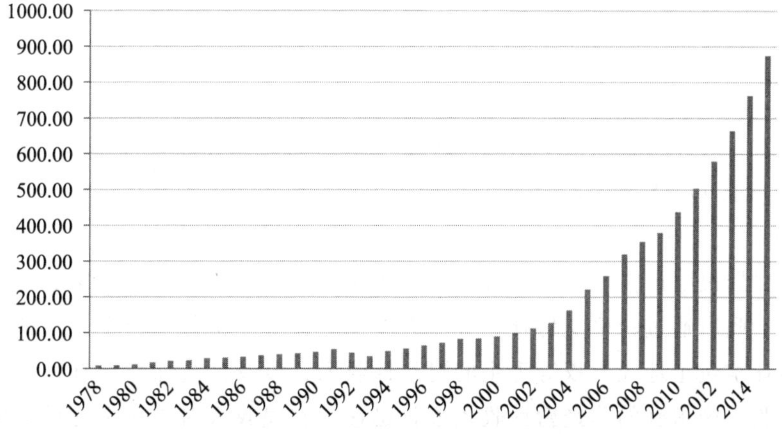

图 4－7　黑龙江省金融机构人民币农业贷款余额（1978－2015）单位：亿元

（2）农民收入及其对农村金融的影响。农民收入的整体概况。在农村经济发展过程中，农民增收不仅是扩大内需、保证粮食安全和实现农业现代化的关键，也是拉动经济增长、推进新农村建设和构建和谐社会的深层动力。2003 年以来，我国农村税费制度进行根本性变革，使农民负担得到减轻，国家出台的一系列支农惠农政策，极大地调动了广大农民的种粮积极性，对农村建设、农业发展、民生改善和提高农民收入起到了强有力的推动作用，农村居民收入呈现持续快速增长局面。2015 年，农村居民人均纯收入达到 11095 元，比 1996 年增加 8913.14 元，增长 5.09 倍。在农村居民家庭收入结构中，经营收入占主导。2015 年农村居民家庭经营收入 7330.59 元，比 1996 年增长 3.85 倍。从 1996 年到 2015 年，虽然农村居民家庭经营收入所占的比重有所下降，但至 2015 年占比仍高达 66.07%。

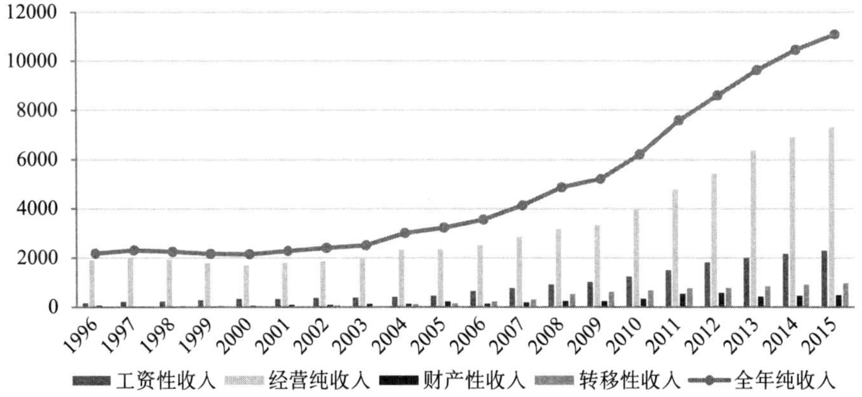

图 4-8　农村居民家庭人均收入情况（1996-2015）

农村居民家庭工资性收入业是农民收入的重要组成部分。在农村劳动力转移加快、外出务工人数增加、从业环境逐步改善等因素的作用下，工资性收入已成为农村居民增收的重要来源。2015 年农村居民工资性收入 2293.31 元，比 1996 年增长 13.38 倍。2015 年农村居民工资性收入占农村居民人均纯收入比重 20.67%，比 1996 年提高 12.8 个百分点，呈现逐渐上升趋势。

农村居民财产性收入和转移性收入快速增长。随着农村居民家庭拥有的资产增多、政府通过转移支付补贴农业力度加大，农民从包括租金、土地征用补偿、转让承包土地经营权等为主的财产性收入，以及社会保障、补贴等为主的转移性收入中得到的非经营性收入增长迅速。农民收入对农村金融的影响。农民收入的不断提高最直接的表现就是农户储蓄余额的增加。农户储蓄存款和农业存款逐年增加，尤其是农户储蓄存款在近五年来涨幅明显。这进一步印证了农民收入在最近五年的大幅度增加。

（3）农村发展及其对农村金融的影响。农村社会保障体系逐渐完善，参保人数逐年增多。随着该省经济社会的快速发展，社会保障体系，特别是农村社会保障体系得到了进一步完善，参保人数大幅提高。自2003年下半年实施新型农村合作医疗以来，截至2014年年底，全国参加新型农村合作医疗人口数达7.36亿人，参合率为98.9%。2014年度新农合筹资总额达3025.3亿元，人均筹资410.9元。全国新农合基金支出2890.4亿元，从根本上解决了广大农民的看病难问题。2009年实施了新的农村养老保险政策，在筹资方式上改变了原农村养老保险的“自我储蓄模式”，采取个人缴费、集体补助和政府补贴相结合的新型模式，调动了广大农民参保的积极性。在新公布的2014农村养老保险新政策中，确立了针对农村、城镇居民、机关事业单位以及城镇职工的四大养老保险方式。其中，新型农村社会养老保险以保障农村居民年老时的基本生活为目的，建立个人缴费、集体补助、政府补贴相结合的筹资模式，养老待遇由社会统筹与个人账户相结合，与家庭养老、土地保障、社会救助等其他社会保障政策措施相配套，由政府组织实施的一项社会养老保险制度，是国家社会保险体系的重要组成部分。

目前，越来越多的金融机构进入农村金融市场。新型农村金融机构发展迅速，截止到2015年年末，我国新型农村金融机构已经组建了1373家，机构的80%的贷款投向“三农”和小企业。农村信用社继续深化改革，农村信用社综合竞争服务能力进一步增强，经营状况进一步改善。2015年，全国农村信用社实现利润2233亿元；截至2015年年末，不良贷款比例为4.3%，资本充足率为11.6%；涉农贷款余额和农户贷款余额分别为7.8万亿元和3.7万亿元，比上年末分别增长9.8%和8.8%。全国共组建以县（市）为单位的统一法人农村信用社1299家，农村商业银行859家，农村合作银行71家，为活跃农村金融市场发挥了积极作用。

2. 我国农村金融体系发展与“三农”经济关系的实证分析。

（1）指标选取与数据来源。为了更加全面地反映农村金融体系与三农经济的关系，共使用两组指标，分别为农村金融体系指标组和三农经济指标组。农村金融体系指标组：

农村金融体系发展规模DS（development scale）：

金融体系发展水平提高的主要表现为金融资产规模相对于国民财富的扩

展，通常采用戈氏指标和麦氏指标来进行衡量（见表 4－7）。戈德史密斯（1969）创造性地提出一个衡量一国金融发展的指标：金融相关率（FIR），它是某一时点上现存金融资产总额与国民财富之比，通常人们将其简化为金融资产总量与名义 GDP 之比。金融资产包括货币、债券、股票三大类，也包括民间借贷、民间集资和农村股份合作企业的股份、保费收入等。不同学者对金融资产总量有着不同的解读和选择：张杰（1995）认为，戈氏指标完整的表达式为（M2＋L＋S）/GDP，其中 M 为货币存量，L 为各类贷款，S 为有价证券；谢平（1992）、易纲（1996）等考虑到我国农村金融市场不发达以及证券规模很小，因此在实证研究中将有价证券从戈氏指标剔除，认为存贷款余额可以代表金融资产总量。该方法在实际运用中较为普遍。

表 4－7　国内外（农村）金融发展指标概览

	时间	代表学者	指标及公式	备注
国外	1969	戈德史密斯	金融相关率：$FIR = \frac{金融资产总量}{名义\ GDP}$	金融相关率又称戈氏指标，它是某一时点上现存金融资产总额与国民财富之比。金融资产包括货币、债券、股票三大类，也包括民间借贷、民间集资和农村股份合作企业的股份、保费收入等
	1973	麦金农	麦氏指标：$货币化 = \frac{货币存量（M2）}{国民生产总值}$	麦氏指标备受经济学家的怀疑：Levine & Zexvos（1998）认为，M2 与 GDP 之比这个货币化指标既不能度量负债的来源，也不能度量金融系统的资源配置。王毅（2002）也认为麦氏指标不能准确衡量中国的金融深化程度；李广众等（2002）认为中国较高的 M2/GDP 不是较高的金融发展水平的直接表现，而更应该归因于长期的通货膨胀、交易手段的落后以及支付体系的效率低下。
	2001	Arestis, Demetriades &Luintel	L/GDP 指标：$L/GDP = \frac{信贷}{国民生产总值}$	主要是针对不发达国家设计的金融发展指标。

续表

	时间	代表学者	指标及公式	备注
国内	1995	张杰	认为 $FIR=\frac{(M2+L+S)}{GDP}$ 金融资产总量是 M2、L 与 S 之和。	M 为货币存量，L 为各类贷款，S 为有价证券
	1996	易纲	农村 $FIR=\frac{存贷款总额}{GDP}$ 金融资产总量应是存贷款，将有价证券戈氏指标中剔除。	因为农村金融市场不发达，规模很小，该方法在实际中较为普遍
	2003	史永东、武志等	采用 L/GDP 指标	我国农村金融市场成分比较单一，农村发展利用证券市场较少，所以债券市场和股票市场因素可以暂时忽略。我国农村虽然存在民间借贷现象，缺乏统计资料，数据没有包括民间金融的数据。

麦氏指标是麦金农（1973）在衡量金融发展水平时，所使用的货币存量（M2）与国民生产总值的比重这一指标。然而麦氏指标备受众多学者的怀疑，Levine & Zexvos（1998）认为，M2 与 GDP 之比这个货币化指标既不能度量负债的来源，也不能度量金融系统的资源配置。这一比率与经济增长之间没有理论联系，经济增长主要依赖于金融体系所具有的功能，提出银行信用是度量金融发展的有用指标。国内不少学者也有类似的观点，王毅（2002）也认为麦氏指标不能准确衡量中国的金融深化程度；李广众、陈平（2002）认为，中国较高的 M2/GDP 不是非较高的金融发展水平的直接表现，而更应该归因于长期的通货膨胀、交易手段的落后以及支付体系的效率低下。

目前我国农村金融是一个明显的银行导向型金融结构，广大农村地区资本市场的力量极其微弱，农村金融市场成分比较单一，因此可以将债券市场和股票市场因素忽略。考虑到我国农村金融主要以存贷款业务为主，而且存款主要反映农村资金来源的状况，贷款更能体现农村金融对农业发展、农村经济、农民增收的支持力度，因此从戈氏指标中剔除存款，同时结合借鉴 Arestis，Demetriades & Luintel（2001）针对不发达国家设计的 L/GDP 指标，给出反映农村金融发展规模指标为 DS：

$$DS = \frac{农村贷款余额}{农村\ GDP} \tag{4-1}$$

其中，农村贷款余额为乡镇企业贷款余额与农业贷款余额之和。农村经济GDP 用农林牧渔业总产值表示。

农村金融体系发展结构 DST（development structure）：改革开放以来，乡镇企业在农村经济中占有日益重要的地位，因此，用乡镇企业贷款余额/农村贷款余额，作为金融发展结构指标。

$$DTS = \frac{乡镇企业贷款余额}{农村贷款余额} \tag{4-2}$$

其中，乡镇企业贷款余额的 1978 年至 1989 年的数据来源于中国农村金融统计年鉴中该省的农业银行和农村信用社对乡镇企业贷款余额之和，其余数据来源于中国统计年鉴的金融机构资金运用平衡表。

农村金融体系发展效率 DE（development efficient）：金融体系发展效率主要是指金融机构发挥金融中介作用的程度，而动员和运用储蓄是金融中介最基本最重要的功能。因而衡量金融中介功能发挥主要体现在金融机构将储蓄合理转化为投资的能力，同时得益于农民勤俭节约的习惯、农村过于单一的投资渠道、国家信誉对存款安全性的担保多方面的因素（姚耀军，2004）。因此，用农村贷款余额与农村存款余额之比表示金融体系发展效率是符合该省农村金融体系现状的。

$$DE = \frac{农村贷款余额}{农村存款余额} \tag{4-3}$$

农村存款为农户储蓄存款与农业存款之和。

数据来源于中国统计年鉴（1979－2015）。

三农经济指标组：农业发展指标 AD（Agricultural Development）：用粮食产量表示。我国农村主营商品粮，粮食生产的稳定增长对推进新农村建设、发展现代农业繁荣农村经济具有重大而深远的意义。同时，粮食生产时众多农业发展指标中的基础指标，因此选用粮食产量代表农业发展。农村发展指标 RE（Rural Economy）：用农、林、牧、渔业总产值能较好地代表农村经济的发展。农民情况指标 PI（Pure Income of Peasantry）：由于农村人均纯收入最能反映农民生产力投入和产出效率的水平，因此选用，农林牧渔业的农民人均纯收入来反映农民增收的情况。

表 4-8　指标说明

变量代号	变量含义	代理变量	数据来源
DS	农村金融体系发展规模	$DS=\frac{农村贷款余额}{农村经济\ GDP}$	《中国农村统计年鉴》
DST	农村金融体系发展结构 (delopment structure):	$DST=\frac{乡镇企业贷款余额}{农村贷款余额}$	《中国统计年鉴》及《中国金融统计年鉴》
DE	农村金融体系发展效率 DE (development efficient)	$DE=\frac{农村贷款余额}{农村存款余额}$	《中国统计年鉴》及《中国金融统计年鉴》
AD	农业发展指标 AD (Agricultural Development)	粮食产量	《中国统计年鉴》
RE	农村经济 RE (Rural Economy)	农村人均农林牧渔业总产值	《中国统计年鉴》
PI	农民收入 PI (Pure Income of Peasantry)	农林牧渔业的农民人均纯收入	《中国统计年鉴》

最后，将所有的数据取对数处理，其目的一是为了降低数据的异方差，二是为了将所估计的系数表示为变量之间的弹性系数。经过处理之后的农村金融体系发展规模、农村金融体系发展结构、农村金融体系发展效率、农业发展、农村经济和农民增收分别用 *Ln*DS、*Ln*DST、*Ln*DE、*Ln*AD、*Ln*RE、*Ln*PI 表示。

（2）实证结果与分析。

①单位根检验。为避免使用非平稳变量进行回归时可能造成的谬误回归，我们首先采用 Dickey 和 Fuller（1981）提出的 ADF（Augmented Dickey - Fuller）方法对所有变量的平稳性进行单位根检验。检验结果如表 4-9 所示：

表 4-9　单位根检验表

变量	检验形式 (c, t, k)	*ADF* 统计量	各显著水平下的临界值 0.01	0.05	0.1	Prob.*	*AIC*	*SC*	检验结果
LnDS	(c, 0, 1)	-2.12	-3.68	-2.97	-2.62	0.24	-3.02	-2.88	不平稳
△*LnDS*	(c, 0, 1)	-3.55	-3.69	-2.97	-2.63	0.01	-2.92	-2.78	平稳
LnDST	(c, 0, 1)	-2.12	-3.68	-2.97	-2.62	0.24	-3.02	-2.88	不平稳
△*LnDST*	(c, 0, 1)	-3.58	-2.65	-1.95	-1.61	0.00	-2.98	-2.89	平稳
LnDE	(c, t, 0)	-0.59	-4.30	-3.57	-3.22	0.97	-2.74	-2.60	不平稳
△*LnDE*	(c, 0, 0)	-4.05	-3.68	-2.97	-2.62	0.00	-2.72	-2.62	平稳
LnAD	(c, t, 0)	-3.49	-4.30	-3.57	-3.22	0.06	-1.42	-1.28	不平稳
△*LnAD*	(c, t, 0)	-7.05	-4.31	-3.57	-3.22	0.00	-1.11	-0.97	平稳

续表

变量	检验形式 (c, t, k)	ADF 统计量	各显著水平下的临界值 0.01	0.05	0.1	Prob.*	AIC	SC	检验结果
LnRE	(c, t, 0)	-2.84	-4.32	-3.58	-3.23	0.20	-1.20	-0.96	不平稳
△*LnRE*	(c, 0, 0)	-4.26	-3.68	-2.97	-2.62	0.00	-1.10	-1.01	平稳
LnPI	(c, t, 2)	-2.19	-4.32	-3.58	-3.23	0.48	-1.21	-0.98	不平稳
△*LnPI*	(c, 0, 1)	-3.16	-3.69	-2.97	-2.63	0.03	-1.15	-1.00	平稳

注：△LnY 分别表示原序列的一阶差分。(c, t, k) 分别表示单位根检验中的常数项（节距项）、趋势项和滞后期数。滞后期根据 AIC 和 SC 信息量最小化选。

检验结果可知：以上九个变量序列在 5% 的显著性水平上都不是平稳的，但其一阶差分序列平稳，说明它们是 I（1）序列，可能存在协整关系。

②VAR 模型确定。根据 Engle、Granger（1987）提出的协整理论：单整阶数相同的非平稳变量之间的线性组却可能是平稳变量，这种平稳的线性组合就是所谓的协整方程，它揭示了各变量之间长期稳定的均衡关系。两个以上非平稳变量之间的协整关系可以通过 Johansen 协整检验来进行。此法是基于向量自回归（VAR）模型来进行的，在检验之前必须先确定 VAR 模型的结构（注：顺序为 *Ln*AD、*Ln*DS、*Ln*DST、*Ln*DE、*Ln*RE、*Ln*PI）。

对于 VAR 模型中最合适滞后期 k 值的选择，根据选用 AIC 或 SC 信息准则值来判断，由表 4 看出，虽然由 *SC* 得 $K=1$，但有 *AIC*、*FPE*、*LR* 判断得 $K=2$，通过残差等检验，最后选取滞后期 $K=2$。

表 4-10　VAR 模型最优滞后期判别表

滞后期	滞后期判别法则 LR	FPE	AIC	SC	HQ
0	NA	1.51E-09	-3.286109	-3.00322	-3.197512
1	224.7367	7E-13	-11.01865	-9.038432*	-10.39847
2	59.83948*	2.83e-13*	-12.27586*	-8.598308	-11.1241*

注：* 表示该准则选定的最优滞后期；LR：sequential modified LR test statistic (each test at 5% level)；FPE：Final prediction error；AIC：Akaike information criterion；SC：Schwarz information criterion；HQ：Hannan-Quinn information criterion

当 $k=2$ 时，来根据 VAR 模型的 AR 根图和 AR 根表来判断 VAR 模型的稳定性，由图 1 可以看出，在全部的十二个特征方程根中，有十个根的倒数值非常明显在单位圆之内，只有其中的两个不容易判断，但是结合 AR 根表（见表

4-11）可知，虽然这两个特征方程根的倒数值非常接近1，但明显小于1，可以肯定的是：特征方程的所有根的倒数值都在单位圆之内。因此，VAR模型是稳定的。

表4-11　　VAR模型稳定性检验的AR根表

Root	Modulus
0. 998194 -0. 035233i	0. 998816
0. 998194 +0. 035233i	0. 998816
-0. 819886	0. 819886
0. 714806 -0. 351488i	0. 796550
0. 714806 +0. 351488i	0. 796550
0. 246049 -0. 656595i	0. 701183
0. 246049 +0. 656595i	0. 701183
-0. 215171 -0. 604656i	0. 641801
-0. 215171 +0. 604656i	0. 641801
-0. 277531 -0. 227485i	0. 358849
-0. 277531 +0. 227485i	0. 358849
0. 284928	0. 284928

No root lies outside the unit circle.

VAR satisfies the stability condition.

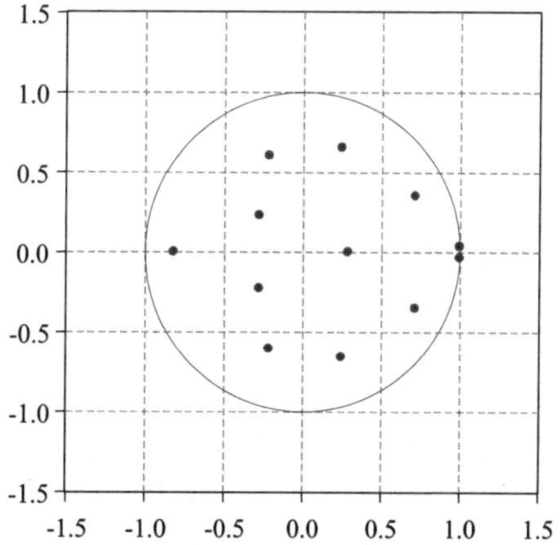

图4-10　VAR模型稳定性检验的AR根

③Johansen协整检验。Johansen协整检验是对无约束VAR模型施加协整约束后得到的VAR模型，因此，Johansen协整检验的最优滞后期比相应的VAR

模型最优滞后期少一期。由于 VAR 模型最优滞后期是 2，则 Johansen 协整检验的滞后期确定为 1。通过模型选择的联合检验，确定最合适的协整检验模型的协整空间中有常数项、数据空间、线性趋势项。运用特征根迹统计量（Trace 检验）和最大特征值统计量进行 Johansen 检验。Johansen 协整检验结果如表 4－12 所示。

表 4－12　　Johansen 协整检验结果

原假设	特征值	迹统计量检验			最大特征根统计量检验		
协整方程个数		迹统计量	P 值**	临界值 5%	最大特征根统计量	P 值**	临界值 5%
没有 1 个＊&	0.89	163.18	0.00	95.75	64.19	0.00	40.08
至多 1 个＊&	0.83	99.00	0.00	69.82	50.68	0.00	33.88
至多 2 个*	0.59	48.32	0.05	47.86	25.89	0.08	27.58
至多 3 个	0.38	22.43	0.28	29.80	13.72	0.39	21.13
至多 4 个	0.26	8.71	0.39	15.49	8.68	0.31	14.26
至多 5 个	0.00	0.03	0.86	3.84	0.03	0.86	3.84

注："*"表示迹统计量检验在 5% 的显著水平上拒绝原假设；"&"表示最大特征根统计量检验在 5% 的显著水平上拒绝原假设；"**"表示的是 MacKinnon－Haug－Michelis（1999）p 值。

由表 4－12 可以得出，迹检验和最大特征根检验均表明：在 95% 的置信水平上，*Ln*DS、*Ln*DST、*Ln*DE、*Ln*AD、*Ln*RE、*Ln*PI 之间存在 2 个协整方程。正规化后的长期协整关系可表示为：

$$LnAD = 9.404 - 1.652 \underset{[-9.74]}{LnDS} - 0.063 \underset{[-7.04]}{LnDST} + 1.309 \underset{[7.69]}{LnDE} + 0.186 \underset{[2.40]}{LnRE} - 0.135 \underset{[-1.41]}{LnPI} \quad (4-4)$$

上式括号中的数字表示各个系数的 T 统计量。由协整分析结果表明：

第一，我国农村经济发展与农村金融体系发展的两组变量之间存在着长期均衡的关系。其中，农业发展与农村经济增长存在正相关，但是农民收入的提高对农业发展起着消极作用，这与通常的认识（农民收入提高会更加促进农业发展）有些出入，出现这个现象可以有以下原因：一方面变量农民收入的 t 检验没有大于 2，存在显著性不足的问题。但是另一方面，可以通过对近四年来农村收入的主要构成趋势来看，农业收入占农民总收入中的比例不断缓慢下降，同时农业生产投入在农民支出中所占的比例也逐年下降。

第二，农村金融体系的发展规模、发展结构与农业生产成负相关关系，而农村金融体系的效率指标与农业生产成正相关关系。这说明，农村金融体系效率的每提高一个百分点可以显著促进农业生产 1.309 个百分点。

④向量误差修正模型（VEC）。由于各变量均为 I（1）序列，且存在协整关系，根据 Engle、Granger（1987）提出的 Granger 定理，必然可建立向量误差修正模型。基于向量误差修正模型，可以进一步了解这些变量之间的短期动态关系，此关系可以误差修正项形式表示为：

$$\Delta LnAD_t = \underset{[0.39]}{0.016} - \underset{[-2.53]}{0.1\ ECT_{t-1}} + \underset{[0.46]}{0.184\ LnAD_{t-1}} - \underset{[-0.86]}{0.377\ \Delta LnRE_{t-1}} + \underset{[0.54]}{0.197\ \Delta LnPI_{t-1}} + \underset{[1.07]}{1.024\ \Delta LnDE_{t-1}} - \underset{[-0.88]}{1.001\ \Delta LnDS_{t-1}} + \underset{[1.66]}{0.04\ \Delta DST_{t-1}} \quad (4-5)$$

其中，ECT_{t-1}为误差修正项：

$$ECT_t = -9.404 + LnAD - \underset{[-2.40]}{0.186\ LnRE} + \underset{[1.41]}{0.135\ Ln\ PI_t} + \underset{[9.74]}{1.652\ Ln\ DS_t} + \underset{[7.04]}{0.063\ Ln\ DST_t} - \underset{[-7.69]}{1.309\ Ln\ DE_t} \quad (4-6)$$

由上面的方程可以看出：误差修正项的系数为 -0.1，且在 5% 的显著性水平上显著，说明短期内农业发展偏离长期均衡状态时存在着向均衡状态的反向调整机制，但由于调整的力度小，而且除了变量农村发展效率 DST 在 10% 的显著水平下成立外，其他变量短期内对农业发展不起明显作用，因此系统很难自动回复到均衡状态，必须借助外部力量。

⑤基于 VEC 模型的 Granger 长短期因果检验。Feldstein & Stock（1994）认为，如果非平稳变量间存在着协整关系，则应考虑使用基于 VEC 模型进行 Granger 因果检验，即不能省去模型中的误差修正项，否则得出的结论可能会出现偏差。因此，进一步运用基于 VEC 的 Granger 长短期因果检验来对变量之间长短期内的因果关系进行更深入的刻画。由于 VEC 的滞后期是无约束 VAR 模型一阶差分变量的滞后期，根据无约束 VAR 模型的滞后期为 2 确定 VEC 模型的滞后阶数为 1。

本课题所采用的方法是 Wald - χ^2 检验法，对 VEC 方程组中估计出的系数的显著性进行联合检验，来判断各变量短期因果关系的方向。即对右方变量各自的 Wald - χ^2 检验结果可以表明该变量的变化是否在短期内影响着左侧变量的增长，而 Wald - χ^2 联合检验结果可以证明右方各个变量是否共同构成了左侧变量的短期 Granger 原因。误差修正项的 t 检验表明右方与左侧变量是否存在长期的因果关系。具体检验结果见表 4，表 4 给出的是 Wald - χ^2 检验的零假设（差分变量以及误差修正项前的系数为零）的 χ^2 值与伴随概率值。

表 4-13　　基于 VEC 模型的长短期因果检验

结果＼原因		ΔLnAD	ΔLnRE	ΔLnPI	ΔLnDE	ΔLnDS	ΔLnDST	联合检验	ECM_{t-1}
ΔLnAD	χ^2	—	0.75	0.30	1.15	0.77	2.74	3.00	-0.83
	P 值	—	0.39	0.59	0.28	0.38	0.10	0.70	(-2.52)*
ΔLnRE	χ^2	0.72	—	0.28	4.82	7.08	2.39	11.45	-0.80
	P 值	0.40	—	0.60	0.03*	0.01*	0.78	0.04*	(-2.68)*
ΔLnPI	χ^2	0.02	0.02	—	2.22	1.09	2.17	6.43	-0.68
	P 值	0.90	0.90	—	0.14	0.30	0.14	0.27	(-2.23)*
ΔLnDE	χ^2	1.38	2.65	0.00	—	1.40	2.65	5.96	0.25
	P 值	0.24	0.10	0.99	—	0.24	0.10	0.31	-1.59
ΔLnDS	χ^2	1.07	1.45	0.05	0.81	—	1.24	2.13	0.11
	P 值	0.30	0.23	0.82	0.37	—	0.27	0.83	-0.73
ΔLnDST	χ^2	1.41	0.07	0.12	0.08	0.19	—	2.28	1.59
	P 值	0.23	0.29	0.59	0.78	0.66	—	0.81	-0.46

注：* 代表在 5% 的显著水平下，Granger 因果关系成立。

短期内，变量 ΔLnDE、ΔLnDS 分别是 ΔLnRE 的短期 Granger 原因。同时联合检验表明，变量 ΔLnRE、ΔLnPI、ΔLnDE、ΔLnDS、ΔLnDST 共同构成了 ΔLnRE 的 Granger 原因。这说明，短期内农村金融体系的效率和规模是农村经济增长的 Granger 原因，同时，农村金融体系发展与农业发展、农民增收共同作用是农村经济增长的 Granger 原因，农村金融体系发展对农村经济增长具有积极的促进作用。ΔLnDST 是 ΔLnAD 的 Granger 原因，这表明，农村金融体系结构的优化可以促进农业发展。三农经济的各个变量都不是农村金融体系各个变量的 Granger 原因，因此，短期内，农村金融体系发展与农村经济存在单向的 Granger 因果关系，即农村金融体系的发展，关键是农村金融的规模扩大和农村金融效率的提高能显著促进农村经济的增长。

长期内，由于 ΔLnAD、ΔLnRE、ΔLnPI 的误差修正项的 T 值均大于 2，说明，农村金融体系的各变量 ΔLnDE、ΔLnDS、ΔLnDST 均是三农经济各变量 ΔLnAD、ΔLnRE、ΔLnPI 的长期 Granger 原因，农村金融体系发展与三农经济存在着单向的 Granger 因果关系，即不论是农村金融体系效率的提高，还是农村金融深化加深，抑或是农村金融体系结构的改善都能显著的提高农村经济的增长、农业发展和农民增收。

⑥基于 VEC 模型的脉冲响应分析。Granger 因果检验结果仅说明变量之间的长短期因果关系，但不能说明变量之间因果关系的强度和路径。因此，应在 VEC 基础上运用脉冲响应函数。脉冲响应函数（impulse response function）反映了来自随机扰动项的一个标准差大小的新息冲击（innovation）对内生变量当前和未来取值的影响，以及其影响的路径变化。广义脉冲响应函数由于不受变量顺序的影响，从而能更好地描述一个内生变量对误差的反应。（图 4－11、12 是 VEC 模型的脉冲响应函数曲线，横轴表示滞后阶数，纵轴表示内生变量对冲击的响应程度）

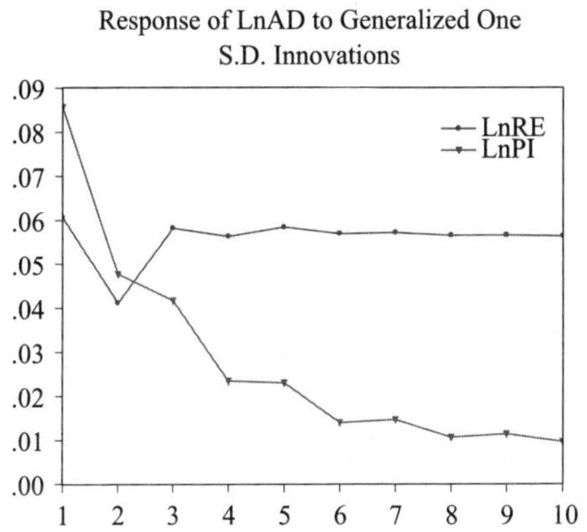

图 4－11　农业发展的广义脉冲响应

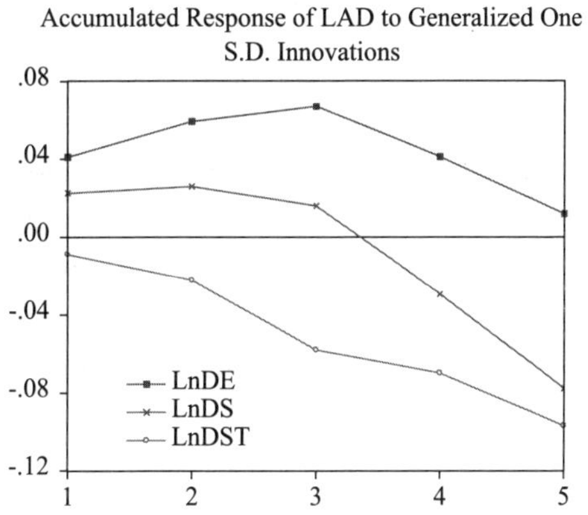

图 4－12　累积广义脉冲响应

从图 4－12 可知农业发展受到农村经济的冲击后，首先经过两期的短暂波动后，一直维持在第一期的水平 0.06 附近。而农业发展受到农民收入冲击时，在第一期就达到正响应高峰值后，在经过三期大幅度显著下降后，下降趋势缓和至 0.01 附近。这说明，农业发展受到农村经济和农民收入冲击后都会产生正响应，农村经济增长对农业发展有持续稳定的促进作用。而农民收入虽然在短期内对农业发展有短暂的积极作用，但是随着时间的推进，这种作用在逐渐减弱。

为了动态地考察农村金融体系对农业发展的作用，而累积响应函数能较好地描述受新息冲击后内生变量的动态响应路径，因此，农村发展在受到农村金融体系结构变量的冲击后，产生持续的负响应，而在受到农村金融体系效率和规模变量的冲击后，先是在前三期内产生正响应，接着就开始持续下降至负响应。这进一步印证了前文农业发展与农村金融体系各变量之间的长期协整关系的作用方向。

⑦基于 VEC 模型的方差分解分析。继续利用方差分解（Variance Decomposition）技术分析农村经济增长、农民收入和农业发展与农村金融体系各变量之间的相互贡献率。方差分解是将系统的均方误差（Mean Square Error）分解成各变量冲击所做的贡献，其做法是通过将一个变量冲击的均方误差分解成系统中个变量的随机冲击所做的贡献，然后计算出每一个变量冲击的相对重要性，即变量冲击的贡献占总贡献的比例。

表 4－14　　　不同预测期 LnAD 的方差分解图

期数	标准差	LnAD	LnRE	LnPI	LnDE	LnDS	LnDST
1	0.123	100.000	0.000	0.000	0.000	0.000	0.000
2	0.139	95.781	1.148	0.199	0.107	0.990	1.774
3	0.161	83.159	5.765	0.450	0.327	0.738	9.560
4	0.181	70.959	9.897	2.028	4.017	1.484	11.615
5	0.203	60.047	12.664	3.030	6.738	1.457	16.064
6	0.224	51.485	14.706	4.488	10.139	1.847	17.335
7	0.245	44.968	15.998	5.327	12.318	1.887	19.502
8	0.264	39.930	16.996	6.245	14.431	2.070	20.328
9	0.283	36.028	17.684	6.828	15.882	2.114	21.464
10	0.300	32.915	18.245	7.400	17.198	2.209	22.034

从方差分解的结果看，在 1 至 10 的预测期内，农业发展由它自己的新生解释的比例从 100% 逐期下降到 32.915% 左右，农村金融体系效率和结构的贡献度逐步提高，至 10 期达到 17% 和 22%。这进一步说明，农村金融体系的效率和结构对农业发展的作用会随着时间的推移日益明显。

表 4－15　　　不同预测期 LnRE 的方差分解图

期数	标准差	LnAD	LnRE	LnPI	LnDE	LnDS	LnDST
1	0.113	24.252	75.748	0.000	0.000	0.000	0.000
2	0.190	8.626	81.753	0.650	5.548	1.965	1.458
3	0.273	4.478	77.801	2.133	10.614	1.853	3.121
4	0.350	2.722	72.124	3.445	16.009	2.637	3.063
5	0.419	1.918	68.767	4.142	18.717	2.669	3.787
6	0.482	1.515	65.997	4.822	20.927	2.894	3.845
7	0.539	1.274	64.178	5.208	22.246	2.917	4.178
8	0.593	1.133	62.721	5.569	23.323	3.000	4.254
9	0.641	1.034	61.672	5.801	24.054	3.017	4.422
10	0.687	0.967	60.819	6.010	24.661	3.056	4.486

农村金融体系效率对农村经济的贡献度在第二期快速上升至5.5%后，一直保持快速上升势头至第九期达到24%。这说明农村金融体系效率的提高能在短期内显著提高对农村经济增长的贡献度。因此，提高农村金融机构的服务效率和保障农村金融体系高效率的运行是保持农村经济增长的有效手段。

表4-16　不同预测期 LnPI 的方差分解图

期数	标准差	LnAD	LnRE	LnPI	LnDE	LnDS	LnDST
1	0.115	48.307	6.753	44.940	0.000	0.000	0.000
2	0.150	29.004	21.895	47.105	0.154	0.846	0.997
3	0.188	21.260	34.678	38.703	0.269	0.557	4.534
4	0.219	16.145	42.560	32.420	2.913	1.561	4.401
5	0.249	12.979	46.808	28.151	4.294	1.510	6.259
6	0.276	10.735	49.969	24.674	6.325	1.943	6.354
7	0.302	9.154	51.805	22.325	7.467	1.972	7.277
8	0.325	7.964	53.333	20.369	8.706	2.171	7.457
9	0.348	7.056	54.333	18.948	9.503	2.213	7.947
10	0.368	6.336	55.202	17.744	10.280	2.317	8.120

从LnPI方差分解的结果看，在1至10的预测期内，农业发展由它自己的新生解释的比例从100%逐期下降到55%左右，农村金融体系各变量的总贡献度逐步提高，至10期达到26%。可以看出，农民收入的提高还是主要靠农村经济增长，同时农村金融体系的作用也是不可以忽视的。

（3）主要结论。通过运用向量误差修正模型、协整分析、脉冲响应和方差分解等方法对该省农村地区实际运行数据进行的实证分析，可以得出以下结论：

①农村金融体系发展与三农经济增长存在着长期均衡的协整关系。农村金融体系的效率指标与农业生产成正相关关系。

②农村金融体系的发展与三农经济存在着单向的长期Granger因果关系。即不论是农村金融体系效率的提高，还是农村金融深化加深，抑或是农村金融体系结构的改善都能显著的提高农村经济的增长、农业发展和农民增收。短期内，农村金融体系发展与农村经济存在单向的Granger因果关系，即农村金融体系的发展，关键是农村金融的规模扩大和农村金融效率的提高能显著促进农村经济的增长。

③农村金融体系的效率和结构对农业发展的作用会随着时间推移日益明

显。提高农村金融机构的服务效率和保障农村金融体系高效率运行是保持农村经济增长的有效手段。

4.4.2 构建普惠型农村金融体系的政策环境因素

20 世纪 80 年代初以来，为满足中小客户的金融需求，特别是出于满足农户和中小企业的小规模信贷需求的需要，中国政府农村金融改革措施接连不断。诸如对农村信用社下放经营管理权、农村信用社管理体制改革与业务创新、城市信用社和城市商业银行的发展以及允许非政府组织小额信贷的存在。促进微小型以发放小额贷款为主的新型金融机构如“只贷不存”贷款公司、村镇银行、农村资金互助社等等。

在促进小额信贷行业发展的过程中，中央政府、有关部门以及地方政府明确了要促进小额信贷发展的大方向，并制定了一系列促进小额信贷发展的政策措施和办法。目前，促进与规范小额信贷的主要是中央政策文件、部门规章和地方性法规。而且，中国现有的小额信贷相关法律法规章大多以特定类型的小额信贷业务和特定形式的小额信贷机构作为规范对象。此外，从法律效力层次来看，位阶较低。在小额现代行业发展的政策环境方面还存在许多不足，有待进一步完善。

（1）普惠型农村金融体系相关的中央政策性文件。

中央政府确立了通过积极探索适合“三农”经济特点的金融服务和产品，促进金融机构多元化、培育竞争性农村金融机构体系地方化、小型化的路径，促进小额信贷、新型金融机构等微型金融发展，逐步消除农村地区金融排斥，来实现农村地区普惠金融体系建设。中央的政策意图主要体系在 2004 - 2010 年的中央一号文件上。

自 2004 年以来，连续十四个“中央一号”文件都是围绕“三农”问题，提出加快金融体制的改革和创新，改善农村金融服务，并鼓励发展各种形式的小额信贷业务和小额信贷组织。中央的政策性文件并未直接规范小额信贷业务或小额信贷机构，但指明了中国金融改革的方向，为有关部委和地方政府制定小额信贷发展政策、部门规章和地方性法规确定了指导思想，对小额信贷行业的发展起到了无可替代的推动作用。

2004 年中央一号文件《关于促进农民增加收入若干政策的意见》提出，鼓励有条件的地方，在严格监管、有效防范金融风险的前提下，通过吸收社会资本和外资，积极兴办直接为“三农”服务的多种所有制的金融组织。

2005年中央一号文件《关于进一步加强农村工作提高农业综合生产能力若干政策的意见》倡导，培育竞争性的农村金融市场，有关部门要抓紧制定农村新办多种所有制金融机构的准入条件和监管办法，在有效防范金融风险的前提下，尽快启动试点工作。有条件的地方，可以探索建立更加贴近农民和农村需要、由自然人或企业发起的小额信贷组织。

2006年中央一号文件《关于推进社会主义新农村建设的若干意见》指出，在资本保证金、严格金融监管和建立合理有效的退出机制的前提下，鼓励在县域内设立多种所有制的社区金融机构，允许私有资本、外资等参股，有关部门要抓紧制定管理办法。引导农户发展资金互助组织。

2007年中央一号文件《关于积极发展现代农业扎实推进社会主义新农村建设的若干意见》指出，加快制定农村金融整体改革方案，努力形成商业金融、合作金融、政策性金融和小额贷款组织互为补充、功能齐备的农村金融体系，探索建立多种形式的担保机制，引导金融机构增加对“三农”的信贷投放。大力发展农村小额贷款，在贫困地区先行开展发展农村多种所有制金融组织的试点。

2008年中央一号文件《关于切实加强农业基础建设进一步促进农业发展农民增收的若干意见》指出，要“加快推进调整放宽农村银行业金融机构准入政策试点工作……继续深化农村信用社改革，加大支持力度，完善治理结构，维护和保持县级联社的独立法人地位……积极培育小额信贷组织，鼓励发展信用贷款和联保贷款”。

2009年中央一号文件《关于2009年促进农业稳定发展农民持续增收的若干意见》指出，在加强监管、防范风险的前提下，加快发展多种形式新型农村金融组织和以服务农村为主的地区性中小银行。鼓励和支持金融机构创新农村金融产品和金融服务，大力发展小额信贷和微型金融服务，农村微小型金融组织可通过多种方式从金融机构融入资金……抓紧出台对涉农贷款定向实行税收减免和费用补贴、政策性金融对农村中长期信贷支持、农民专业合作社开展信用合作社试点的具体办法。

2010年中央一号文件《关于加大统筹城乡发展力度进一步夯实农业农村发展基础的若干意见》指出，积极推广农村小额信用贷款。加快培育村镇银行、贷款公司、农村资金互助社，有序发展小额贷款组织，引导社会资金投资设立适应“三农”需要的各类新型金融组织。抓紧制定对偏远地区新设农村金融机构费用补贴等办法，确保3年内消除基础金融服务空白乡镇。

2013年中央一号文件《中国中央、国务院关于加快发展现代农业进一步增强农业发展活力的若干意见》突出强调"改善农村金融服务"。文件指出"改革农村集体产权制度，有效保障农民财产权利"，明确提出要建立归属清晰、权能完整、流转顺畅、保护严格的农村集体产权制度，依法保障农民的土地承包经营权、宅基地使用权、集体收益分配权。这里便涉及影响农村金融体系构建的根本性问题。很明显，我国的金融体系长期体现出间接金融为主的模式特点，在银行主导的信贷融资体系中，非信用型融资成为核心模式。但是，对于广大农民和农村中小企业来说，缺乏足够的抵押物，成为阻碍其运用信贷融资的主要因素。对此，推动农村的土地改革，实际上也是构建新型农村间接金融体系的基础。

2014年《关于全面深化农村改革加快推进农业现代化的若干意见》首次允许承包土地的经营权向金融机构抵押融资，并将农村金融改革创新作为全面深化改革的一项重要任务进行部署，提出化金融机构服务"三农"职责，发展新型农村合作金融组织，加大农业保险支持力度等举措。在管理民主、运行规范、带动力强的农民合作社和供销合作社基础上，培育发展农村合作金融，不断丰富农村地区金融机构类型。坚持社员制、封闭性原则，在不对外吸储放贷、不支付固定回报的前提下，推动社区性农村资金互助组织发展。完善地方农村金融管理体制，明确地方政府对新型农村合作金融监管职责，鼓励地方建立风险补偿基金，有效防范金融风险。适时制定农村合作金融发展管理办法。以上举措说明了我国农村普惠金融发展迎来巨大发展空间。

2015的中央一号文件《关于加大改革创新力度加快农业现代化建设的若干意见》指出，推进农村金融体制改革，要综合运用财政税收、货币信贷、金融监管等政策措施，推动金融资源继续向"三农"倾斜，确保农业信贷总量持续增加、涉农贷款比例不降低。同时，支持银行业金融机构发行"三农"专项金融债，鼓励符合条件的涉农企业发行债券。与往年一号文件相比，2015年中央一号文件对于农村金融工作的文字集中论述不多，但文件通篇都渗透了改革创新和强化农村普惠金融的精神。

2016中央一号文件《关于落实发展新理念加快农业现代化实现全面小康目标的若干意见》提出，大力推进农民奔小康，必须充分发挥农村的独特优势，深度挖掘农业的多种功能，培育壮大农村新产业新业态，推动产业融合发展成为农民增收的重要支撑，让农村成为可以大有作为的广阔天地。在推进农村产业融合的过程中，农村互联网金融的作用日益明显。

2. 普惠型农村金融体系相关的部门规章。

从普惠金融的实践上看主要体现在，小额信贷发展和新型农村金融机构的兴起。

（1）开展小额信贷业务相关的部门规章。小额信贷是指专门向低收入阶层提供小额度的持续性的信贷服务活动，它是小额信贷机构基于农户的信誉，在核定的额度和期限内向农户发放的不需抵押、担保的贷款。主要解决的是农户贷款缺乏抵押担保的问题，从而解决农户贷款难的问题，是一种金融服务的创新。

普惠金融理念是伴随着小额信贷在我国开展而兴起来的，从我国小额信贷发展的实践主要是在人民银行、银监会等部门的推动下，通过“下移”模式和“新建”模式发展小额信贷业务，主要有六类小额信贷方式（见表 4-17）。并在这一过程中出台了一系列相关的部门规章。

表 4-17　　中国农村小额信贷六类方式

类别	主体	方式	特点
第一类	农村信用社	农户小额信用贷款和农户联保贷款	正规金融机构的一种金融工具；目前农村小额贷款业务最普遍、农民较容易贷到款的形式
第二类	国家开发银行和农业发展银行	扶贫贴息小额信用贷款	是政府实施的小额贷款扶贫项目
第三类	邮政储蓄银行	小额信贷	基于借款人的存单为抵押，可能成为占据主导地位的小额信贷形式之一
第四类	非政府组织（包括国际机构或者外国机构援助、半政府机构资助类	项目小额信贷	有项目期限，是中国人民银行监管领域之外的金融活动
第五类	小额贷款公司	主要针对中小型的乡村企业的小额贷款	央行试点的商业性的公司。这些公司一般在工商部门注册，不吸收公众存款，只进行贷款业务，所针对的业务对象也不是一般的农户，而是中小型的乡村企业。
第六类	资金互助组织和村镇银行	农村民间的小额信贷	这类小额贷机构现在只存在于银监会的试点框架中，数量极为有限。

“下移”模式下的相关部门规章。“下移”模式是指通过推动银行业金融机构业务创新推出小额信贷产品与服务。为了促使银行类金融机构通过组织调

整和业务创新提供多种类型的小额信贷产品与服务，中国银监会、中国人民银行等部门出台了多个部门规章，主要包括（见表4－18）。

表4－18　　我国关于小额信贷业务的部门规章

时间	部门	规章文件名称	主要内容和特点
1999年7月	中国人民银行	《农村信用社农户小额信用贷款管理暂行办法》（银发〔1999〕245号）	提出农村信用社要适时开办农户小额信用贷款，简化贷款手续，方便农民借贷
2000年1月	中国人民银行	《农村信用社农户联保贷款管理指导意见》	提出小组联保、强制储蓄、设立小组基金、分期限还款和连续贷款等小额信贷的指导方针
2001年12月	中国人民银行	颁布了《农村信用社农户小额信用贷款管理指导意见》	要求全面推进农户小额信贷。
2003年	银监会	《关于农村信用社以县（市）为单位统一法人工作的指导意见》和《农村信用社省（自治区、直辖市）联合社管理暂行规定》	进一步推动农户小额信贷的规范发展
2003年1月	中国人民银行会同财政部、国家经贸委、劳动和社会保障部共同制定	《下岗失业人员小额担保贷款管理办法》	对下岗失业人员小额担保贷款加以规范和管理
2004年3月	中国人民银行、财政部、劳动和社会保障部	《关于进一步推进下岗失业人员小额担保贷款工作的通知》	进一步推进下岗失业人员小额担保贷款
2006年1月	中国人民银行、财政部、劳动和社会保障部	《关于改进和完善小额担保贷款政策的通知》	扩大贷款对象范围等。
2007年8月	中国银监会	发布的《关于银行业金融机构大力发展农村小额信贷业务指导意见》	农业银行、农村信用社、邮政储蓄银行、国家开发银行及地方商业银行等都积极开展小额信贷业务

续表

时间	部门	规章文件名称	主要内容和特点
2007 年年底	中国银监会	批复同意邮政储蓄银行全面开办小额信贷业务	2008 年 1 月，中国邮政储蓄银行出台《小额贷款业务管理办法（试行）》
2008 年 12 月	共青团中央、中国银监会	《关于实施农村青年创业小额贷款的指导意见》（中青联发〔2008〕42 号）	共同实施农村青年创业小额贷款项目
2009 年 10 月	银监会、全国总工会	《关于开展工会创业小额贷款试点工作的通知》银监发〔2009〕89 号	鼓励农民工等就业困难群体自主创业和自谋职业，开展工会创业小额贷款试点工作
2012 年 5 月	银监会	《关于鼓励和引导民间资本进入银行业的实施意见》	允许小额贷款公司按规定改制设立为村镇银行

“新建”模式下的相关部门规章。新建模式是指通过政策制度创新发展专业的小额信贷机构，在中国主要表现为试点小额贷款公司的出现。

2005 年 5 月，开始在陕西、四川、贵州、山西、内蒙古五省区推行由民营资本经营的“只贷不存”小额贷款公司的试点工作。在五省区试点工作的基础上，2008 年 5 月 4 日中国银监会、中国人民银行联合发布了《关于小额贷款公司试点的指导意见》（银监会〔2008〕23 号），开始在全国范围内推行“只贷不存”小额贷款公司试点工作，并对小额贷款公司的性质、注册设立与终止、资金来源、资金使用、监督管理等做出了相关规定。2003 年 9 月中国银监会颁布了《农村商业银行管理暂行规定》和《农村合作银行管理暂行规定》。

（2）与新型农村金融机构相关的部门规章。新型农村金融机构包括村镇银行、贷款公司、农村资金互助社。我国新型农村金融机构自 2006 年开展试点以来获得快速发展，截至 2015 年年末，全国已组建村镇银行、贷款公司和农村资金互助社等三类新型农村金融机构 1373 家，其中村镇银行 1131 家。

中国银监会在 2007 年 1 月 22 日同时发布了《村镇银行管理暂行规定》、《贷款公司管理暂行规定》、《农村资金互助社管理暂行规定》、《村镇银行组建审批工作指引》、《贷款公司审批工作指引》、《农村资金互助社组建审批工作指引》，并于同年 2 月 4 日发布《农村资金互助社示范章程》，推动新型农村金融机构改善农村金融信贷服务。

为保证新型农村金融机构规范、健康、可持续发展，2008 年 8 月，中国银监会发布了《关于村镇银行、贷款公司、农村资金互助社、小额贷款公司有关政策的通知》（银监会〔2008〕137 号），对小额贷款公司的存款准备金管理、存贷款利率管理、支付清算管理、会计管理、金融统计和监管报表、征信管理、现金管理、风险监管等管理进行了细化规定。2009 年 6 月 9 日，中国银监会关于印发《小额贷款公司改制设立村镇银行暂行规定》的通知（银监发〔2009〕48 号），对小额贷款公司改制设立村镇银行做出具体规定和指引。2009 年 7 月，银监会编制了《新型农村金融机构 2009 年－2011 年总体工作安排》，计划用三年时间，在全国设立 1293 家新型农村金融机构。同时，制定了“东西挂钩、城乡挂钩”的双挂钩政策，明确提出实行百强县（或大中城市辖内）与中西部地区 1:1 与国定贫困县 1:2 挂钩政策，引导各类社会投资者到中西部和农村地区设立新型农村金融机构。

此外，各部门积极开展农村金融产品和服务创新，探索农村金融普惠之路。为了以加快农村金融产品和服务方式创新为突破口，进一步改进和提升农村金融综合服务水平，2008 年 10 月，中国人民银行、银监会联合出台了《关于加快推进农村金融产品和服务方式创新的意见》（银发〔2008〕295 号），选取中部六省和东北三省部分有基础的县、市，开展加快推进农村金融产品和服务方式创新试点。

2010 年 7 月 28 日中国人民银行、银监会、证监会、保监会日前联合发文《关于全面推进农村金融产品和服务方式创新的指导意见》，文件指出，要大力发展农户小额信用贷款和农村微型金融，有效满足发展现代农业和扩大农村消费的资金需求，切实加强对农业农村基础设施建设的信贷支持。探索开展农村土地承包经营权和宅基地使用权抵押贷款业务，积极推动和做好集体林权制度改革与林业发展金融服务工作，加快推进农村金融服务方式创新。

文件提出，对农村金融产品和服务方式创新取得明显成效的银行业金融机构，支持其优先设立村镇银行等新型农村金融机构、跨区域兼并重组，并在网点布局调整方面实施市场准入绿色通道，对风险可控的新业务实行备案制。对于支农成效显著、风险控制能力强、推动农村金融产品和服务方式有特色的农村信用社，不将支农再贷款纳入存贷比监管指标考核，优先将其改制为农村银行类机构。

文件指出，要有效扩大抵押担保范围，加强涉农信贷风险管理。支持符合条件的经营稳健、管理科学、市场有前景的优质涉农中小企业发行短期融资券、中小企业集合票据等非金融企业债务融资工具。加快发展农业高科技企业的高收益债券，引导农业企业通过资本市场融资。加强涉农信贷与涉农保险的合作，综合发挥银保服务“三农”的功能作用。鼓励农产品生产经营企业进入期货市场开展套期保值业务。

3. 普惠型农村金融体系相关的地方性法规。

有关农村普惠金融体系构建的地方性法规，主要是在中国银监会、中国人民银行等部门发布《关于小额贷款公司试点的指导意见》和《关于加快推进农村金融产品和服务方式创新的意见》后，我国政府积极开展试点工作，出台了一系列地方性政府规章和规范性文件。

为增加我国农村地区金融供给，我国积极鼓励和支持国有商业银行、政策性银行在该省开办金融租赁公司、村镇银行等新型金融机构，大力支持新型农村金融机构发展。积极组建村镇银行，2012 年前争取实现县（市、区）全覆盖。积极稳妥发展小额贷款公司。除企业所得税优惠政策外，对新设立的村镇银行、贷款公司、农村资金互助社、小额贷款公司等四类农村金融机构，比照农村信用社改革试点政策给予扶持。积极探索建立适合我国国情的农业保险发展模式，以及地方财政扶持政策性农业保险的方式和建立巨灾风险基金的方法。大力支持开展小额人身保险试点工作。

以黑龙江省为例，该省作为全国开展创新试点的九省之一，经过近几年的不懈努力，目前，试点效果已经初步显现，金融支农惠农取得一系列明显成效。试点推出的“公司 + 农村经济合作组织 + 农户”、生产基地农户配套贷款、农机具抵押贷款、土地使用权和经营权抵押贷款、农村微小企业贷款等创新产品，打破了长期以来黑龙江农村地区农民仅仅靠“三五户”联保获得贷款的单一模式，扩大了农民可用于抵押担保贷款的财产范围，改进了农村联合增信模式，大大降低了农村金融机构信贷风险。鼓励农村地区银行业机构加强与保险公司合作，探索开发农村小额保险单抵押贷款业务等“信贷 + 保险”金融服务新产品。

农村金融创新起到了促进“三农”发展的良好效果，有效推动了新农村经济的发展，实现了经济效益与社会效益和谐统一。

5 普惠型农村金融体系的框架设计与构建

5.1 体系构建目标与原则

5.1.1 体系构建目标

根据联合国2005年提出的普惠金融的概念，该体系的构建目标应是建立满足或者适应农村多层次金融需求的，功能完善、分工合理、产权明晰、管理科学、监管有效、竞争适度、优势互补、可持续发展的普惠型农村金融体系。将包括落后地区和穷人在内的金融服务有机地融入于微观、中观和宏观三个层面的金融体系中，普遍地惠及被排斥于金融服务之外的大规模的贫困和中低收入客户群体。

我国普惠型农村金融体系就是要以小额信贷为核心，同时涉及微观、中观和宏观层面的农村金融政策“新方法”，强调应把具有可持续发展潜力的小额信贷纳入到正规金融体系中，从而把那些排斥于传统金融服务和整体经济增长轨道之外的农村低收入人口，纳入到农村金融服务范围，使他们也能享受到经济增长所带来的福利改善，让过去被排斥于金融服务之外的大规模的农村弱势客户群体与其他社会团体一样享受金融服务。当前我国经济已经进入到以工补农的发展阶段，按照国际上的普遍做法，在这一阶段应该实行工业反哺农业，城市支持农村，然而与国际贸易中不平等的贸易地位不同，中国的三农问题历史悠久，有来自内部的许多根深蒂固的羁绊，而且受许多客观条件的约束，在农村金融体系中开展普惠制并不是一朝一夕就能实现的，因此，应从整体着眼，建立普惠型农村金融体系，注重以普惠金融带动三农发展的畅销机制，打好开展普惠金融的持久战。通过建立普惠金融体系，促进公众加强对作为均衡发展重要组成部分的小额信贷的认识和理解。推广面向各类客户群体的金融机构。支持对金融服务可持续发展性评估。鼓励创新，促进和支持新的战略合作伙伴关系，以建设伙伴关系，建设和扩大小额信贷，微型金融和普惠金融等的服务领域。

从功能定位看，其一，整体上满足广覆盖与多层次的双重要求。广覆盖不仅包括面上的覆盖，也包括量上的覆盖。实现广覆盖的要求不仅是形式上的供给和创新，更重要的是机制上的设计和保障。多层次要求覆盖范围要涉及到农村不同层次的贫困人口，即包括低收入人群，小微企业等。其二，发挥市场基本功能，实现资源的最优配置，平衡供需矛盾，注重供给侧结构性改革，塑造适度竞争的农村金融市场。在服务于当地经济过程中，金融体系根据各地要素禀赋结构、比较优势农业产业结构、规模和风险特性不同，来对应不同的金融要素结构。其三，保证农村金融体系核心功能的发挥。当前重点必须解决三个问题：一是防止资金外流趋势的继续扩大；二是创造条件合理引导资金回流；三是实现金融资源在农村领域的高效配置。

从机构视角看，相比于其他金融机构，当前农村金融机构改革的进程也更为复杂，原因就在于目前还不可能完全依靠市场的办法来解决所有的农业问题，这是我国农村机构改革的最大特殊性。应把农村金融机构的职能定位和业务规模置于农村经济体系中通盘考虑，基于农村经济发展及改革进程协调改进。在推进商业性金融，政策性金融和合作性金融在改革进程中各有其自身的侧重点，但在整体上应是功能互补，相互协调，共同发展，共同构建一个包括弱势群体在内的，真正为三农服务的农村金融机构网络。

从效率视角看，农村金融体系的效率低下已是不争的事实。农村金融体系不能满足农村经济主题的各项需求，且不能通过自身的业务创新和服务质量的提高吸引社会对金融商品和金融服务需求的增长。由于农村金融体系是经济体系的一个子系统，因此，要想使农村金融体系的整体达到高效运行，就必将考虑到诸多内生性和外生性因素的共同影响。因此从不同的角度分析，可以组成不同的效率分析框架。提升效率的方法有很多，而创新是提升效率的最有效途径。目前我国在农村金融机构创新方面已有一系列新措施出台，但与当前城市金融体现的整体创新能力相比，农村金融体系创新能力相对滞后。普惠型农村金融体系的创新应是一个系统的工程，它包括在理念、机构、产品、服务、制度、市场、管理等多方面的创新过程。

5.1.2 体系构建原则

普惠型农村金融体系的构建是从我国现有的金融排斥问题出发，以支持农村弱势群体，弱势领域，以实现包容性金融为核心目标，有助于以金融支持农村实体经济的发展，改善我国农村经济社会中的薄弱环节，实现社会公平，提高资金的使用率，促进经济发展方式的转变。这与我国全面建成小康社会的发展目标相一致，符合国家的长远利益。因此应该将构建普惠型农村金融体系上升到国家战略高度，从战略层面推进其建设与发展。将普惠型农村金融体系的构建上升到国家战略层次，列入到国家改革与发展的大政方针中，政府不能只满足于投入公共资金或出台一些优惠政策，而是需要系统规划，确立普惠型农村金融发展的总体目标，明确该体系的服务对象，并提出实现该目标的具体措施，明确时间表。从运作的角度看，构建普惠型农村金融体系的宗旨是要调整金融资源的分配，因此必须实现系统内部与外部、系统内各要素之间的协调。这就需要对系统运作进行统筹，协调商业性金融和政策性金融、大型金融与中小型金融、金融系统与财政系统、金融系统与其他社会系统等之间的关系、客服各自为政，缺少系统合作的宿弊，以完备的法律、制度、信用体系等共同构筑良好的普惠金融环境。普惠型农村金融体系的构建同时也要以可持续发展为原则。

1. 公平性原则。公平原则是针对普惠型金融体系的目标客户的，就是让每个客户都享有获得金融服务的权利。普惠型农村金融体系有益于保障农民金融权利。格莱珉银行创立者尤努斯认为，如同人们在衣食住行上享有的权利一样，金融权利也是一种人权，也是一种人的基本生存权利。从社会公平正义的角度来说，农民理应获得与其他社会群体平等的金融权利以满足自身发展的需要，农民金融权利的平等保护意味着法律对农民与其他社会主体在金融权利上的无差别保护，不得以某种方式（歧视）受到限制和剥夺。只有国家形成制度才能保障农民金融权利的实际享有，金融权利才能被农民意识到，并享有和行使，其实就是国家如何通过金融资源的配置来实现和保护农民的生存权与发展权的问题。长期以来，我国法律体系所维护的金融资源配置制度使农村资金不断外流，农民享受不到应有的金融权利，它直接影响了农民生存发展的机会与条件，农民不能通过金融的功能实现对农村各种资源整合，获取家庭农业生产之外的农业产业化、规模化、市场化和非农化的收益，没有金融权利保障的农民，其摆脱贫困实现自我发展的机会相对于城市居民而言要少很多。一个正义的社会应本着公正的原则制定政策，制定合理的金融资源配置制度，建立普惠型农村金融体系，形成保护农民金融权利的长效机制，有效地满足农民的金融需求。

2. 市场化原则。市场化原则就是在调节金融资源配置的过程中，发挥市场作用，引导更多方来参与到普惠型农村金融体系的构建过程中。该省农村金融资源相对稀缺，如何使之形成一种有效率的配置机制，是提升农村金融服务效应的关键。实践证明，“行政主导型”配置机制容易导致农村金融陷入一种低效或无效运行状态。而市场经济的手段与方式在这方面，已经越来越显示其在治理改善与相对效率增进中的作用。农村金融必须为“三农”服务，但农村金融机构若要充分发挥其有效的服务功能，必须遵循市场化导向原则。这不仅是我国经济市场化进程中的实际需要，更是基于农村金融“内生”于经济市场化进程的客观规律。所谓“市场化导向原则”是指将农村金融服务置于市场经济基础并以市场机制配置农村金融资源。

完善市场机制并使其成为该省农村金融体系的基础性运行机制。在市场经济中，市场机制主要包括供求机制、价格机制、竞争机制等，它以竞争作为优胜劣汰的有效方式，以价格、供求等作为经济信号，运用价值规律进行经济调节，因而市场机制成为社会资源配置的基础性机制，同时也成为一种有效率的经济运行机制。作为我国农村市场化进程的“助推器”，农村金融服务必须坚持市场化导向原则，一方面以市场机制作为农村金融资源动员与配置的基础性机制，另一方面以市场经济的基本原则指导该省农村金融改革，将农村金融体系建立在市场机制运行的轨道上。同时，政府在农村金融支持方面也要坚持以市场化为导向，鼓励农村金融深化。

农村金融遵循市场化导向原则，必然引入竞争机制。竞争的层次性。农村金融市场的竞争是多层次的，正如前面提到的，我国农村的经济发展具有较强的不平衡性和层次性，农村金融需求主体对金融产品和服务的需求也表现出较强的多样性，因此，对于不同层次的农村金融需求主体，应该以不同层次的竞争性金融结构来满足。

竞争机制形成的长期性、复杂性。竞争性农村金融市场的形成过程是一个伴随着农业产业结构升级调整、农户从小农经济逐步走向现代商品经济的动态演进过程。社会主义新农村的建设将提高农村的城镇化水平，扩大农业的产业化、规模化程度，从而改变农村目前的商品货币关系以及经济主体的资金需求特征。市场机制在农村地区的扩展和深化则将进一步扩大商业性金融的服务能力和服务范围，从而推动竞争性农村金融市场形成和发展。

竞争主体的约束性。竞争性农村金融市场必须保证在市场上的主体是真正受市场约束的。从总体上讲，不能指望任何一类金融机构在没有经营失败的市场退出压力的情况下，其经营者能够勤勉尽责和尽最大努力争取与交易方的共赢。在市场原则下，对农村金融服务需求的满足、对农村金融市场的开拓，在很大程度上是竞争性市场压力的结果，而不是当事人服从某种理念的行为。

竞争主体的多元性。农村金融市场的竞争性需要从外部引入。农村金融改革的视角不能始终停留在对现有农村金融机构的改革上，而应解放思想，结合不同地区农村经济实际情况，大力发展多种所有制的农村金融组织。鼓励有条件的地方，在严格监管、有效防范金融风险的前提下，通过吸引社会资本、私有资本以及外资等，发展和培育小额信贷组织、资金互助组织、民营银行等新型的金融主体。

竞争的适度性。农业是国民经济的基础，又是弱质产业，农业的产业二重性决定支持农业和农村经济发展的农村金融要受到国家财政、政策等方面的扶持，使其竞争的广度、深度相比于城市金融具有某些“适度性”。这种适度性既是农业和农村经济发展所需要的，同时也是当前培育农村金融市场所要求的。实际上，竞争机制与相关的政府扶持政策并不排斥，两者所对应的是农村金融需求的不同层次，即使在一些交叉区域也有主次之分，不能因此而否认竞争机制在整个农村金融市场中的基础性作用。

3. 差异化原则。差异化原则就是要针对不同的客户群体，设计出适合其各自金融服务需求特征的产品和服务流程。差异性原则。农村金融供给的差异性是由金融需求的多样性所决定的。金融需求的多样性不仅表现在不同经济发展水平的区域差异上，在同一区域的不同农户之间也具有较大差别。因此该省农村金融改革应实行有差别的金融制度安排，从而为农业和农村经济发展提供良好、适宜的金融环境。

在经济发达的地区，由于资本已初具规模，生产规模普遍要大，而且农业产业化经营也逐渐发展，正规金融机构与农户的贷款边际成本较低，因此应以正规金融制度安排为主。同时，应注重发展商业性金融机构，发展并巩固发达地区农村商业化金融和市场化经济。而对落后地区，由于正规金融制度安排操作成本和风险成本都较高，所以应在发展正规金融的同时，承认并规范非正规金融，使其成为欠发达地区资本原始积累的重要渠道之一，另外，要鼓励和支持农村金融服务方式和产品的创新，大力发展微型金融，小额信贷和小额保险。

总之，农村金融需求存在着较大的差异性，我们在构建普惠型农村金融体系过程中应该考虑到这一点，并从正规金融和非正规金融，商业性金融、政策性金融和合作性金融入手，针对上述的差异，实行有差异的金融制度安排，同时创新农村金融服务方式和产品，从而为整体农村经济的发展提供多样性、层次性的金融服务。

4. 协调化原则。协调发展原则农村金融改革不仅是金融领域的改革，而且涉及到农村政治、经济与社会发展的各个方面，是一项复杂的系统工程。因此，在重构农村金融体系的过程中，必须坚持全面协调发展原则。

理顺政府与金融机构的关系。我国是一个政府主导型的政治经济体，各级政府在辖内政治、经济生活的各个领域发挥着主导作用，因此，脱离政府进行农村金融改革的思路是不现实的，关键是要处理好各级政府与金融机构的关系，明确各自的权、责、利，使权利与义务相互对等。对此需要从制度上进行明文规定，但最重要的是需要转变政府职能，真正实现经济生活的“大市场、小政府”定位，使市场与政府各行其是、相互补充。

协调商业性金融与政策性金融的关系。农村金融改革，不仅仅是农村信用社的改革，还要涉及到农业银行在农村领域的业务、农业发展银行的支农业务，以及邮政储蓄机构在县以下的业务，当然还包括农村金融市场上的保险业务和证券业务等。因而，农村金融改革涉及到政策性金融和商业性金融的定位，涉及到如何把握政策性金融和商业性金融的分工以及商业性金融与政策性金融具有各不相同的支持领域、支持对象、支持机制、支持形式等。就宏观金融而一言，商业性金融以市场机制为基础配置机制，按照完全的市场经济原则，在追求支农效应的同时，注重金融资源的增值；政策性金融以国家财政补偿、国债金融、中央银行农业再贷款等形式为其信贷资金的主要途径，通过政策性配置形成对农村的金融保护性支持机制。对一个以农业为基础性的国民经济体系来说，商业性金融和政策性金融二者不可缺一，但两者之间必须形成有效协调。在国家财政规模和支出结构的限制下，过多的财政性补偿尽管对农村是一件好事，但却可能形成对国民经济发展综合均衡的冲击，因财政性补偿而形成的金融信贷贴息也极易形成金融机构呆账、坏账等不良信贷；同时国债金融过度发行以及央行再贷款规模过高，不仅形成经济体系的高负债运行，也在一定程度上增加央行基础货币的发行规模，通过经济传导机制的传导与放大，必将形成对实体经济的影响，往往成为引发通货膨胀的根源。在微观金融意义上，政策性金融集中农产品流通领域，以单一价格支持为基本形式，形成一种间接补贴机制，其实际支持效应甚微。因此，建立商业性金融与政策性金融的均衡协调，合理划分两者的业务边界，形成两者的互补格局，既有利于提高国家财政的使用效率，又能够引导社会资金流向“三农”领域。

处理好金融创新与金融监管的关系。农村金融机构的一个显著特点是服务范围比较窄，影响比较小，风险比较容易控制。所以，农村金融监管的重点是金融创新问题。就农村中小民营金融机构的设置而言，应建立审批责任制和数量控制制度，形成有序的竞争格局，使各类金融机构能够获得合理的利润，既可以保证机构自身的持续发展、降低农户的融资成本，又可以防范过度竞争带来的风险。创新是农村金融发展的突出主题，应建立农户融资中的抵押品创新制度，发展抵押品的多种替代形式，促进农村抵押市场的多样化。鼓励金融机构开发面向农户的金融产品，如贸易信用、生产设备融资、远期合约、农产品期货等。以充满活力的创新机制来促进农村金融的可持续发展。

在构建普惠金融体系时，要充分了解到穷人需要多样化的金融服务，不仅仅是贷款，还包括储蓄，保险和资金结算等，开展普惠金融体系是与贫困斗争的有力工具，要建设为穷人服务的金融体系，同时要求该体系能实现自负盈亏。

5.2 体系框架设计

普惠型农村金融体系框架认同的是将包括穷人在内的金融服务有机地溶于微观、中观和宏观三个层面的农村金融体系，这样才能使得过去被排斥于金融服务之外的大规模客户群体获益。最终，这种包容性的金融体系能够对该省的绝大多数人，包括过去难以到达的更贫困和更偏远地区的客户开放金融市场。体系框架设计图见图 5 -1。

客户层面。在发展中国家，贫困人口极少使用金融服务，可以说被传统金融排除在外，而普惠金融主要服务于那些被传统金融市场排除在外的群体，他们有共同特点：贫困、收入较低、居住在偏远农村等。我们不仅仅要寻找他们被传统金融排除在外的原因，更要寻找将他们纳入金融服务体系的途径，以及他们所需求和能够承担的金融产品。综上所述，贫困和低收入客户是这一金融

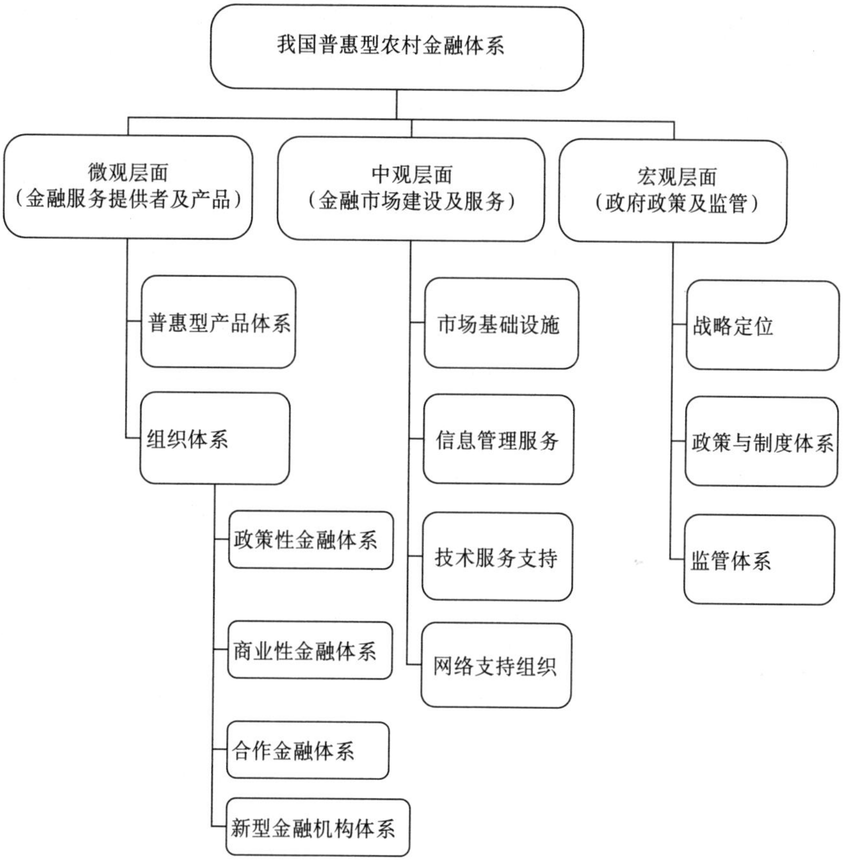

图 5－1　我国普惠型农村金融体系框架

体系的中心，他们对金融服务的需求决定着金融体系各个层面的行动。一切有金融需求的地区和社会群体，包括贫困者、中低收入者、富裕户和大中小企业都是这一金融体系的服务对象。其中，尤其值得关注的是贫困者和低收入者，他们的金融需求的满足与否决定着这一体系是否成功。

微观层面。金融体系的脊梁仍然为零售金融服务提供者，它直接向穷人和低收入者提供服务。在普惠制金融体系下，需要各种金融机构共同参与并提供不同的金融服务，来满足客户的多样化需求。这些微观层面的服务提供者应包括从民间借贷到商业银行以及位于中间的各种类型，即这一层面涉及金融服务的提供者，包括商业性银行、政策性银行和合作性金融机构在内的正规金融体系和包括各种民间金融机构和组织的非正规金融体系。他们直接向客户提供金融服务。

中观层面。这一层面包括一切有利于农村金融服务开展的农村金融市场开发和金融基础设施建设相关的其他金融活动。即包括基础性的金融设施和一系列的能使金融服务提供者实现降低交易成本、扩大服务规模和深度、提高技能、促进透明的要求。这涵盖了很多的金融服务相关者和活动，主要是信息技术的提供、咨询与培训服务的开展、专业业务网络建设和信用评级体系完善等。涉及到审计师、评级机构、专业业务网络、行业协会、征信机构、结算支付系统、信息技术、技术咨询服务、培训等等。那些贫困人口和低收入者一般只拥有较少资金、居住相对分散、几乎没有书面的信用记录，因此向其提供金融服务的成本高昂，这是传统金融机构不愿涉足贫困人群的原因，也是当前向更贫困人口和更偏远地区开发金融市场的障碍。因此，建立强大的金融基础设施体系十分重要，可以促进金融市场发展，提供投资者的决策水平。

宏观层面。主要指的是适宜的政府政策、监管框架和相应的法律法规体系。政府应创造良好的政策环境，一个恰当的立法和政策框架能够使一定范围内的金融服务提供商共存并良性竞争。从而为大量贫困客户提供优质、高效、低成本的金融服务。中国人民银行、中国银行业监督管理委员会、保险业监督管理委员会、财政部等机构都是宏观调控和监管活动的直接参与者。他们往往会通过以下方式涉足金融体系：一是直接介入市场并提供金融服务，二是间接干预市场并引导资金流向；三是制定政策，如银行业规章和监督机制，使金融机构有能力为贫困和低收入者提供恰当的金融服务和金融产品；四是提供财政激励或强制金融机构为低收入群体提供金融服务，以此来提高普惠程度。

5.3 构建微观层面——金融服务提供者及产品

在供给层面，与某些发展中国家相比，中国并不存在广泛的小额信贷组织或微型金融机构，传统上比较具有普惠色彩的正规金融机构是农信社和邮储银行，两者都有广泛的网络分布，提供储蓄、贷款、汇兑、转账结算业务，较多的覆盖贫困地区、贫困人群。但是普惠型农村金融的发展仅仅有农信社和邮储银行是不够的，一个成熟的普惠型农村金融体系的机构架构应该包括商业性银行、政策性银行和合作性金融机构在内的正规金融体系以及包括各种民间金融机构和组织的非正规金融体系。他们直接向客户提供金融服务。

建立多元化、竞争性的普惠型金融组织体系。在一个普惠型的农村金融体系中，需要各种各样的机构来提供金融服务以满足贫困客户的不同需求。任何一个金融机构都不能独立履行该职能，因而需要各种机构的共同参与。普惠制金融组织体系，除了要设立包括政策性金融、开发性金融、商业性金融和合作性金融等传统金融组织形式外，也应包括风险投资、担保、保险、租赁、小额信贷等创新金融组织形式，并形成不同金融组织形式相互并存、定位明确、合理分工、功能互补、有序竞争、协调发展的新格局，以满足农村地区弱势产业、弱势群体和落后地区多元化、全方位的金融需求。根据机构性质，即将普惠型农村金融体系中的供给者分为三大类：政策性金融、商业性金融、合作性金融。这三类金融机构在普惠型农村金融体系中各有其自身优劣，政策性金融机构具有非盈利性，可以专注于社会目标，但政策性业务容易产生坏账，效率低下，受到公众的质疑。商业性金融机构资金渠道广，风险控制能力强，能提供大规模的储蓄，信贷和支付服务，但是运营成本比较高，不利于向最贫困的地区和人口延伸。合作性金融机构有较强的草根性和机构自律性，能提供比较全面的产品和服务，但是目前的市场影响力还比较有限。在一个成熟的普惠型农村金融体系中，这三大组成部分之间互为补充、相互作用，共同构成支撑普惠型农村金融体系可持续运作的稳定的三元结构：政策性金融机构为商业性金融机构提供政策导向，引导其资金通过市场运作的方式向弱势领域流动；由合作性金融机构筹集，并向弱势领域直接提供资金，然后政策性金融机构对其进行补贴，商业性金融机构通过购买债券等方式向政策性金融机构提供资金，在由政策性金融机构向弱势领域投入资金等等。

5.3.1 政策金融体系

1993 年，国务院发布《关于农村金融体制改革的决定》，其中明确提出，建立和完善以合作金融为基础，商业性金融、政策性金融分工协作的农村金融体系。政策性金融机构具有一定的政策目标，它是由政府创立、参股或在政府保障下设立的不以盈利为目的的金融机构。越来越多的银行和其他传统金融机构看到普惠金融服务的巨大前景和潜力，特别是受到政府的一些扶贫政策和优惠措施的引导，开始向中低收入客户提供普惠金融服务。政策性金融不仅仅是政策性信贷，还包括与之相关的风险管理机制，涉及政策性保险、政策性担保机制等。

1. 政策性信贷。农发行响应国家政策的号召，积极开展涉农贷款。拓展农发行金融服务领域，强化其政策性金融的支农功能。2006 年的“中央一号”

文件要求农发行要调整定位，拓宽资金来源和业务范围，支持农村基础设施和农业资源开发；2007 年“中央一号”文件中指出要发挥农发行在农村金融中的骨干作用；2008 年“中央一号”要求加大农发行支持“三农”的力度；2009 年“中央一号”要求对涉农贷款实行税收减免和费用补贴，政策性金融要加大对农业中长期信贷的支持等；2010 年，政策性金融要重点支持农村改革发展的重点领域和薄弱环节，拓宽农发行的支农领域，为农业开发和农村基础设施建设提供中长期政策性信贷业务；2011 年，支持农发行积极为水利建设提供中长期信贷业务；2013 年，强调农发行的政策性定位，鼓励国际开发银行致力于现代农业和新农村建设。因此在新农村建设中农发行应重新定位，加快完善县域机构体系，拓宽其目前的业务范围和职能，着力满足对商业金融不可持续领域的金融服务范围，明确其在新农村建设中支农的政策性银行主体，把它改造成“新农村建设的政策性银行”。综上所述，须进一步拓展农发行金融服务领域，强化其支农功能，推动农发行业务转型给予农村基础设施建设、农业生产环节以及农产品精深加工转化等领域信贷支持，以充分发挥政策性金融在农村普惠金融服务的作用。在做好国家粮棉油收购贷款、专项储备贷款以及新增业务（农村基础设施建设贷款、农业综合开发贷款和农业生产资料贷款业务）的同时，逐步将支农重点转向农村扶贫开发、农村城镇化等领域，以满足在新农村建设中欠发达地区农村对政策金融多元化金融需求。

通过农发行做好批发性小额信贷（如图 5－2 所示）。为了鼓励所有的金融机构把一定的资金投向农村去，需要财政替它分担一定的风险，也需要减少它一定的税收。如果所有的金融机构把一定的资金投向到农业，把一定的资金用向了涉农贷款，就可以给你享受减免税收的待遇。同时明确指出：如果这些金融机构达不到把涉农贷款一定比例的用到农村中的话，他们应该认购在农村从事农业信贷机构的债券。这样的一个设计就是有钱的出钱，有力的出力。在农村的金融机构可以把其他金融机构转给他的资金拿去投放。那些在农村没有机构，没有能力放农村贷款的人，可以把它资产的一部分用在购买农村信贷机构的债券上。这对全体金融机构都是公平的。农业发展银行作为一个政策性金融机构，他来当传递者比较好。农村的金融机构凡是发放了一定比例的农业贷款或者是涉农贷款的，都可以享受税收优惠，如果有的机构没有做到这一点的话，应该购买农业发展银行一定的债券。农业发展银行应该成为在农村发放小额信贷或者农业信贷的批发机构，而且应该对这些机构进行一定的引导和监督。

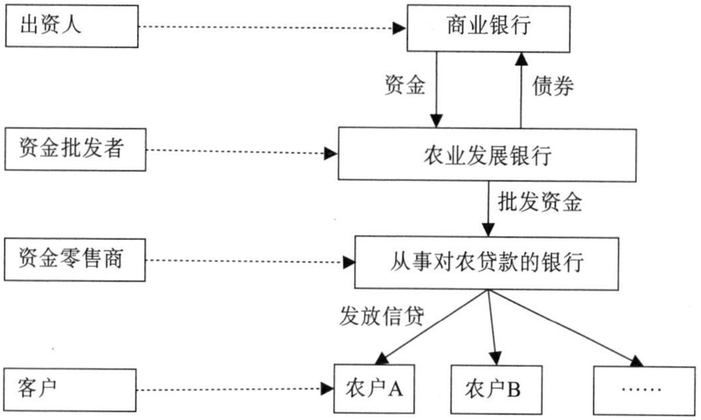

图5－2 农发行作为（小额）信贷资金的批发机构

充分发挥国家开发银行支持新农村建设的作用。充分发挥与地方政府合作、利用政府信用的优势，“将资金投放重点由国家大型建设项目转向”改为“加大”支持农村基础设施建设、农村社会事业的建设，农业资源开发的力度，要加强向开发性的项目和基础性项目的长期信贷投入，在社会主义新农村建设中发挥其应有的作用。

2. 政策性保险。健全政策性农业保险制度，加快建立农业再保险和巨灾风险的分散机制。

我国自实行政策性农业保险以来，各地区的农业保险的保费规模和保险覆盖面呈现出快速扩展的态势。其中一种设计的农业互相保险公司，与一般股份公司有所不同，相互保险公司没有资本，由发起人出资作为启动资金，买保险的农户便是“社员”（也成保东），相互保险公司收取保险费，扣除一部分管理费之后，余下的钱便作为保险赔付基金。如果这个基金足够应对灾害保险赔付，剩下的资金可以留存积累也可以退还保东，如果赔付资金不够，可以补交保费，也可以减额赔付，或者借钱赔付，然后在以后的年份逐年归还借款。

一些以相互保险运营的公司自成立以来运作较好，业务不断扩大，主要得益于农垦背景。推广中央财政对农业保险进行补贴是“国际惯例”。如日本政府对主要农作物保险给予15%的补贴，遇到灾害时给予正常年景时10%至30%的保险费。在加拿大、法国等国家，政府对农业保险实行低费率、高补贴的政策，以不同方式，激励保险公司开展农业保险业务。目前，我国经济综合实力显著增强，整体进入以城带乡、以工带农的发展新阶段，具备对农业保险减免税收和补贴一定保费的能力。

3. 政策性担保机制。政策金融的本质就是财政出一定的钱，分担一定的金融风险。在农村地区，一方面要用好政府分担风险的政策，更好地引导社会资金投向农村、农业和农户。另一方面，应该更多地发挥政策性金融对民间金融和对商业金融的引导作用。建立政府扶持、多方参与市场运作的农村信贷担保机制，降低信息不对称程度，保障债权实现，促进农村资金融通。2008 中央一号文件中就指出“推进农村担保方式创新，扩大有效抵押品范围，探索建立政府支持、企业和银行多方参与的农村信贷担保机制”。政府、保险机构和农业龙头企业共同承保，共担风险，共享收益。建议政府拿出部分支持农业产业化的扶贫资金、农业龙头企业在每年的税后利润中提取一定比例的风险金与保险机构的自有资金一起建立农村信用贷款担保基金对农业生产资金需求以及规模农业发展提供承保。

5.3.2 商业金融体系

商业性金融机构是指在市场机制作用下，按照盈利性、流动性、安全性经营的原则，为市场经济主体提供金融服务的金融机构。

1. 农业银行。1979 年，国务院允许中国农业银行作为专业银行为农业和农村提供信贷支持和综合金融服务，全部贷款的 98% 以上集中投入到了农村。20 世纪 90 年代中期，我国国有银行的商业化改革正式启动，国有银行必须按照国际惯例进行业务运作和经营。1994 年，国家组建中国农业发展银行，中国农业银行转轨为现代商业银行，政策性金融和商业性金融实现了分离。1996 年开始，中国农业银行重新调整了市场定位，大幅度收缩了低效率的网点，裁剪了一部分冗余人员。随着经济的发展城乡二元经济结构的深层次矛盾日益突出，落后的农村金融严重制约了农村经济的发展。2007 年，全国金融工作会议明确安排了农村金融改革措施，中国农业银行应坚持面向三农，整体改制，商业运作，择机上市的总原则，进行股份制改革，以适应我国农村金融体制的改革步伐。但是目前农业银行规模较小，分支机构较少，但它也是从事普惠金融服务的正规金融机构之一。农业银行使用补贴资金或商业资金，向那些无法获得储蓄、典当、贷款等服务的个人和企业提供可持续的金融服务。农业银行应继续积极探索“面向三农”和“商业运作”相结合的有效途径，稳步推进“三农金融事业部”改革。构建一套有别于城市业务的体制机制和运营模式，促进“三农”金融业务的决策重心下沉，调动县域支行面向“三农”的积极性，为“三农”和县域业务发展提供有力的体制保障。农行要稳定和发展在农村地区的网点和业务，强化为“三农”服务的市场定位。农业银行作为农村金融体系的骨干和支柱，应坚持为农服务方向，稳定和发展农村服务网络。进一步强化为“三农”服务的市场定位和责任，充分利用在县域的资金、网络和专业等方面的优势，更好地为“三农”和县域经济服。

2. 邮储银行。邮政储蓄体系也是普惠金融体系的一个重要组成部分。在许多国家，邮政储蓄体系已经为成千上万的人提供了储蓄和转账服务。中国邮政储蓄银行具有做零售银行的天然优势，邮储银行拥有近4万个营业网点，其中71%分布在县和县以下地区，只有29%分布在城市。2006年中央政府批准成立邮储银行，同年，开始开展小额信贷的试点工作和邮政储蓄定期存单小额质押的业务试点，2007年5月，银监会批准邮储银行开展小额无抵押贷款，2007年6月邮储银行在河南正式启动此业务产品分商户联保贷款和农户联保贷款。经过一段时间的试点，2008年邮储银行的小额信贷在全国范围全面开展。从广义上讲，为穷人提供存款服务的邮政储蓄体系属于普惠金融体系的重要组成部分，不可忽视。从功能定位上说，邮政储蓄体系也完全可以充分利用自身在分支机构方面的优势，扩大具有贷款权限的网点范围，积极发展小额信贷业务，适应农村经济发展的需求。2007年3月，我国在改革邮政储蓄管理体制的基础上组建中国邮政储蓄银行股份有限公司，已经建成覆盖全国城乡网点面最广、交易额最多的个人金融服务网络，普遍开展小额信贷和小企业贷款等普惠金融业务。加快邮政储蓄机构的改革，进一步发挥其支农作用。由于农村金融需求是多方面，并且还在不断发展变化，单靠任何一个金融机构无法满足农村金融需求。因此，在深化加强农信社改革的同时，应加强邮储银行等金融机构的支农力度。目前，中国邮政储蓄银行已正式挂牌，有着覆盖城乡网点面最广的个人金融服务网络，成为沟通城乡居民个人结算的主渠道，尤其是在黑龙江的偏远农村地区，邮储网点甚至成为乡镇的唯一银行类金融机构。因此，可以充分利用其网点覆盖面广、资金结算渠道畅通、没有历史包袱等方面的优势，为农村提供基础金融服务。此外，建议邮政储蓄委托其他金融机构发放“三农”贷款，通过税收优惠等配套政策，鼓励邮政储蓄新增存款的60%，通过适当方式用于农村。

3. 哈尔滨银行。以哈尔滨银行为代表的中小型商业银行，由于资金实力和服务上的欠缺，难以满足大客户的金融需求，金融风险集中度较高。同时，中小企业，尤其是小微企业的金融需求处于缺位状态。中小企业，尤其是小微企业的金融需求庞大，有较大市场需求。在银行同质化竞争的大背景下，哈尔滨银行以“普惠金融、和谐共富”为理念，面向中小企业和广大农户，大力发展小额信贷业务，致力于打造国内一流国际知名的小额信贷银行，逐步走出一条普惠金融之路。哈尔滨银行以“本土化加国际化”的小额信贷技术特色，建立了覆盖城市和农村小微信贷需求的产品体系、服务体系；实现了规模效益，培育了“乾道嘉”系列小额信贷品牌，形成涵盖小企业贷款、农户贷款、个人消费类贷款三大系列共71个产品；实现了特色产品体系的差异化竞争优势。该行的客户群体不仅包括小企业法人、小企业主个人、微小企业，更包括农民和下岗失业人员。

哈尔滨银行在大力发展小额信贷业务的同时，加强风险控制能力。按照完善制度、提升水平、强化管理、防范风险的总体思路，完善风险防控体系，加大稽核检查力度，确保安全稳健发展。一是建立符合自身实际的资产负债管理体系，合理配置资源，优化各项经营指标和监管指标，确保监管评级达到标准。二是应开拓思维，创新方法，分类制定风险防范措施。实施风险限额管理，开展风险压力测试，进行风险管理流程评估，建立“纵到底、横到边、多层次、全覆盖”的应急预案管理体系。三是全面提升稽核工作质量效果。根据银监会的要求，开展定点再清除、操作风险回头看的活动。在积极推进非现场稽核系统上线和稽核员派驻制的同时，应采取常规检查、专项检查、离任检查、突击检查、监控录像检查、交叉移位检查等形式，全面推进稽核检查工作。四是加强授信审批管理和加强新增不良贷款预警及清收工作，建立清收奖惩机制。五是运用电子化管理系统，建立操作风险逐级监控制度，构建业务操作风险管理长效机制。加强痕迹化管理，建立健全新机构安保组织，完善农贷安保流程，开展安全教育和安全知识宣传。

5.3.3 合作金融体系

合作性金融机构是由一定数量的个体自主发起，通过互助合作的方式，为这些个体及其所在社区的居民提供必要金融服务的机构。

1. 合作金融。合作性金融组织一般由其成员共同所有和经营，大都属于非营利性金融组织，能够提供包括储蓄、支票账户、贷款、保险和资金转账等在内的金融服务。合作类金融机构主要包括各类合作社、信贷联盟等信贷合作组织和资金互助组织，一般将其所获得的收益在弥补了成本后所形成的利润在成员内部进行分配，收益形式包括：按照成员份额获取的红利、增加的存款利息、降低的贷款利率，以及更为优质的金融服务等。

由于个体的农户是难以对接工业化的大生产的，也难以对接社会化的大市场的。只有提高农民的组织程度，才能够提高农业的生产率。提高农村的组织化程度，既可以发展农村大农场，还可以把农民组织起来，发展合作经济。而我国一些较发达的农村生产具有较高的规模化、组织化生产条件，地势平坦，耕地集中连片。因此，应大力发展生产合作、销售合作、信用合作相结合的农民专业合作经济组织，提高黑龙江广大农民组织化程度。政府要出台相关政策去扶植农民专业合作社，鼓励发展农村的规模经济。对于有条件的专业合作社，希望能够允许它办信用合作。现在银监会允许的资金互助组织应该真正办成农民新型地、真正的合作金融，使之与专业合作社结合在一起，成为较大的金融机构在农村的一个贷款零售商。

2. 农村信用社。自1978年我国改革开放以来，农村信用社作为农村金融的重要组成部分，经历了从人民公社，生产大队管理，到中下贫农管理，又到农业银行管理的多次改革。1996年8月，国务院出台《关于农村金融体制改革的决定》，农村信用合作社与中国农业银行脱钩，由人民银行托管，农村信用合作社按照合作制原则重新规范，标志着中国农村信用合作社重新走上了独立发展之路。农信社要保持县（市）级联社的独立法人地位，继续充当小额信贷的供给主体。继续深化农村信用社改革，发挥好为农民服务的主力军作用。要抓住当前农村信用社改革试点工作这一历史机遇，切实做好欠发达地区深化农村信用社改革试点这项工作。把农村信用社改造成为产权明晰的社区性农村金融机构，进一步引导农村信用社朝着更贴近“三农”的方向发展，确保其服务方向不改变、信贷资金不外流、支农力度不减弱。发挥好为农民服务的主力军作用。同时，通过深化农信社改革，明晰产权关系，完善法人治理结构，强化内部管理和约束机制，逐步提高欠发达地区农信社的支农服务水平，充分发挥欠发达地区农信社在农村建设支持“三农”的金融主力军作用。小额信贷是为贫困、低收入阶层提供金融服务，是建立普惠金融服务体系的主要服务模式。在解决了温饱问题的基础上想谋求发展的农民，虽有一定的抵押物但风险较大，融资依然相当难，因此，针对欠发达地区温饱户、小规模的个体工商户以及微型农企，可以通过发展小额信贷机构满足其多层次和差异性的金融需求。另外，对于欠发达少数民族地区，应结合当地农村金融需求，在组建小额信贷组织应以农民自助联合为主要内容的合作金融，通过政策性扶持，实现农村群体微小资金自主联合的新型农村金融合作组织。

5.3.4 新型金融机构体系

2006年年底至2007年年初，中国银监会先后颁布了《村镇银行管理暂行规定》、《村镇银行组建审批工作指引》、《贷款公司管理暂行规定》、《贷款公司组建审批工作指引》、《农村资金互助社管理暂行规定》和《农村资金互助社组建审批工作指引》等，调整放宽农村金融机构准入，大力发展小额信贷组织、村镇银行、货款公司、农村资金互助社等新型农村金融机构。要稳步开放农村金融市场，积极引导各类资本到金融机构网点覆盖率低、金融服务不足、金融竞争不充分的农村地区投资设立机构。根据银监会数据，截至2013年10月，村镇银行数量已经达到1000家，贷款公司为14家，农村资金互助社为49家。

1. 推广四类机构试点。当前在部分地区开展的村镇银行、贷款公司、资金互助社、小额贷款公司四类机构试点，开辟了民间资金对农村金融市场的准入途径，这对于完善弱势群体金融服务、培育竞争性金融市场发挥了积极作用。这四类机构在服务弱势群体推广普惠金融服务方面可能更有效率，因此应加快把试点推广到全国。

2. 大力发展小额信贷组织。小额信贷组织是在严格控制存款市场，适度放开贷款市场中要培育的贷款零售商。允许小额的信贷组织向金融机构去批发资金，这样就把新型的小额信贷组织定位到了一个贷款零售商的角色。但是相对来说，发放贷款少，因而培育贷款零售商是非常重要的一个环节。

3. 激励新型农村金融机构扎根农村。首先，要找好找准市场定位。新型金融机构应当以发展中的农企、农户为自己的目标客户，最大限度地满足两者的生产需求，以求与农村共同发展。其次，要设计出符合农村需求的产品。农村各地区经济发展状况、产业结构互有差异，新型农村金融机构属于社区范畴的银行，具有独立性。因此，可以依照区域内民营小企业和农村居民等不同主体的需求，制订差别化的服务手段，推出差异化金融产品。最后，新型农村金融机构可以尝试打造有效融入产业链的银行经营模式。将银行的信用嫁接到商业中来，形成一个信用链条。农企一般是基于当地的特色产业发展起来的，产销链上还有其所依托的原材料生产商即农户，其下还有经销商，新型农村金融机构可以采取“三方联保”的方式，打通产销链，解决资金问题，从而使三方都得到发展。

5.3.5 普惠金融产品体系

我省应抓住被列入农村金融产品和服务方式创新试点省份的有利时机，加快金融产品创新步伐，重点围绕以下两方面进行创新。一是大力推广农户小额信用贷款。鼓励金融机构加强与信用协会或信用合作社等信用共同体的合作，运用联保、担保基金等联合增信方式，积极探索发展满足信用共同体成员金融需求的联合信用贷款。鼓励农村信用社、邮政储蓄银行、城市商业银行和新型农村金融机构。利用多种方式建立和完善农户资信评价体系，积极发放不需要抵押担保的小额信用贷款。二是探索发展基于订单与保单的金融产品，有效分散信贷风险。积极推动和发展“公司＋农户”、“公司＋中介组织＋农户”、“公司＋专业市场＋农户”等促进农业产业化经营的信贷模式，推进农业产业化加快发展。鼓励农村地区银行业机构加强与保险公司的合作，以订单和保单等为标的资产，探索开发“信贷＋保险”金融服务新产品，有效防范和分散涉农信贷风险。鼓励和支持农村金融机构提高中长期信贷比重，鼓励支持农村金融机构稳步开展非生产性贷款业务。一个完整的普惠金融体系产品，不仅包括面向贫困地区，中小农户以及小微企业的信贷产品，还应该包括面向弱势群体的支付，储蓄，保险等产品。将弱势群体纳入现代支付体系，可以减少现金交易的成本和风险，有助于扩大商品和服务市场，提高劳动力市场的效率；另外，由于弱势群体收入低且不稳定，抵御风险的能力较低，适当的储蓄和保险十分重要，可以帮助他们平滑收入，应付非日常的或者是意外的开支，进行一些长期规划。

5.4 构建中观层面——金融市场建设及相关服务

这一层面包括一切有利于农村金融服务开展的农村金融市场开发和金融基础设施建设相关的其他金融活动，如信息技术的提供、咨询与培训服务的开展、专业业务网络建设和信用评级机构完善等，涉及支付体系、信用体系、担保体系、技术支持体系等。以此来降低交易成本，延伸金融服务范围，提高金融服务透明度等。那些贫困人口和低收入者一般只拥有较少资金，居住相对分散几乎没有书面的信用记录，因此向其提供金融服务的成本高昂，这是传统金融机构不愿涉足贫困人群的原因，也是当前向更贫困人口和更偏远地区开发金融市场的障碍。因此，建立强大的金融基础设施体系十分重要，可以促进金融市场的发展，提高投资者的决策水平。

5.4.1 市场基础设施

1. 金融基础设施涵盖一系列由公共部门、私人部门提供的金融业支持机制，即金融业（包括信用机构、评级机构、审计部门等）可以获得的信息基础设施，支付、清算与结算系统和公认的标准体系，还可以延伸至法律系统、规章制度以及强调创新的国际金融体系与基础设施。加强普惠金融体系的金融基础设施建设，目的在于提高透明度、实现信息共享、增加行业内竞争使零售金融机构能以较低成本提供更为优质普惠金融服务。增加农村金融基础设施、消除金融服务空白地区。这是实施金融普惠的重要基础。消除金融机构空白乡镇的可行性措施有：增设金融机构或其分支机构、网点（包括新型金融机构的、现有金融机构基层分支网点、流动银行网点、简易网点）；开展基于信息技术的无分支银行金融服务；利用社区型合作金融组织、基于专业社合作社开展内部信用合作、甚至非金融的组织，作为中介或桥梁，让正规金融机构向那些缺少网点的偏远地区延伸金融服务。

如果金融机构设立分支网点或设立新的金融机构，偏远地区乡镇将拥有固定的、长期的金融机构网点，但其缺点是新设成本和运行成本都比较高，这些地区的经济密度、人口密度及相关指标都难以保证网点盈利或至少达到保本点，所以很多金融机构可能都不愿意在这些地区设置固定的网点。

设立简易的、低成本的网点或流动性网点，是一种替代性的金融策略，这种网点更灵活、服务成本较低，但缺点是没有固定的地点和时间，如发展无分支银行，不用花费成本设立固定基层网点，但由于无分支银行需要电信技术的支撑，需要电话、电脑等相关配套设施，而同时，随着电脑与手机使用率的普及和新一代农民文化素质的提高，开展基于信息技术手段的无分支银行金融服务是目前实现农村普惠金融的有效途径。

在金融市场中，一个能够满足客户需求的覆盖范围广泛的支付体系是必不可少的。安全、高效、可靠的支付体系能够降低物品或服务交换成本，相对地，如果支付体系不够高效，那么它最终将对经济产生负面影响。

银行设立分支机构的成本非常高昂，因为需要大量的投资来雇佣人员、建设基础设施、安装设备，还要确保存储和运输现金和其他贵重物品的安全。大量运用技术手段构建金融基础设施、创新服务方式，可以使基本交易自由化，减少处理业务成本并为客户提供额外的便利。信息和通信技术具有较低的成本，在向贫困人口提供服务时，商业银行可以考虑充分运用信息和通信技术。同时随着电脑和手机的大量普及和新一代农民素质的不断提高。大多数贫困人口，尤其是居住在农村地区、非正规经济领域工作的贫困人口，挣的是现金，花的也是现金。因此，银行要处理银行系统外部的现金交易、至少可以选择两种技术：他们可以使用 ATM 来接受、储存、和分配现金，也可以在有频繁现金交易的商店等零售网点使用 POS 机。

2. 在人口密集区设立 ATM。由于硬件成本的不断降低和更多配套设施的出现，技术手段得到越来越广泛的重视。由于 ATM 必须用人工方式补充现金或者清空现金，因此，在人口密集的地区设立 ATM 是最为节省成本的方法。可以借鉴印度 ICICI 银行正在率先试验一种降低成本的 ATM，它可以抵御高温，也可以处理被污损和揉皱了的纸币。

3. 在零售网点设立 POS 机系统。POS 机一般被用于处理支付交易。它可以是一个读卡器、一部移动电话、也可以是一台个人电脑，一个条形码扫描器，或者任何可以识别客户并接受指令转移一定金额的硬件设备，每一个 POS 机设备都需要通过一根电话线、一部移动电话或者是互联网与外界连接，这样它们才能从一个账户向另一个账户发送转账资金的指令。一个 POS 机本身并不能成为银行服务渠道，还必须为它配备一个操作员来清点和存放现金，并用 POS 机来确定客户的身份。银行还需要这位 POS 机的操作人员回答客户的各种询问，解释产品特点并开展其他工作。因此，超市、药店、邮局以及其他零售商店就成了 POS 机理想的设置地点。配置一个人工助手后，在零售商店或者邮局网点，POS 机及系统可以被用来提供广泛的金融服务。

4. 在偏远地区运用手机支付业务。在无法使用银行借记卡、贷记卡、POS 机、ATM 甚至连银行分支机构都不存在的地区，可以考虑使用移动电话网络以较低的成本扩大金融服务。尤其是手机支付手段，在一些国家已经成功运用，如赞比亚、刚果、南非和巴西，可以使之跳出许多国家以传统支票和银行卡为基础的零售支付发展模式。

5.4.2 信息管理服务

金融信息透明是指可以普遍的获得关于金融机构业绩准确和可比较的信息。信息透明具有以下作用：信息透明是建立大规模综合性金融体系的基础，它可以促进金融体系业绩的提高。正确的信息可以帮助管理者找到有待提高的地方并且做出更好的决策来改善他们的机构，此外，还可以使管理者和同行作比较，促使他们为提高业绩而努力；信息透明也可以吸引投资者。准确地说，标准化的信息能使私人投资者和公共捐款者在充分知情的情况下做出决策。更多投资者的参与又提供了更多的资金来源，可以促使针对穷人的金融服务更快地增长；信息透明还可以促使客户更知情，对选择进行比较，从而加剧金融服务提供者之间的竞争。在这种由知情客户引发的竞争下，服务提供者更会试图用更加优惠的利率吸引客户，最终导致服务价格下降。完全公布自身财务信息和利率的金融机构更容易得到客户的信任，尤其是存款人的信任。信息管理服务能够使管理者提高经营决策水平，使投资者做出科学的投资决策并帮助金融机构降低风险和成本。

从信息的产生和确定，到信息的报告和使用，信息透明包含了一系列的活动、机构和工具。普惠型农村金融体系中的金融信息透明依赖于多个不同机制的合理运行。管理信息系统，帮助金融机构收集和报告及时准确有用的数据。管理信息系统是整个信息透明体系的基础，这一阶段的信息质量影响其他所有阶段。内部控制和外部审计帮助确定金融机构提供信息的质量、完整性和准确性。业绩标准使得管理者和外部人员，比如银行监管者、投资者或者客户能够随时监督金融机构的业绩。基准将业绩与类似机构进行比较，这样管理者和其他人可以知道这个机构相对同业者处于何种位置。业绩报告标准是金融机构想达到的绝对标准。标准可以由基准发展而来，但因为他们涉及一个绝对目标，所以他们和基准不同。评级是对信用或者整个金融机构的风险给予独立的评价。其依据使标准的方法，包括定量分析和定性分析。他们经常被信息相对较少的投资者用来决定是否向一家金融机构投资。监管实体和投资者运用体系中包含的所有信息来确定一家金融机构的风险水平，包括存款者的风险和整个金融体系的风险。

1. 加强农村信用体系建设，构建良好的金融生态环境。一是加大执法力度，严厉打击各种逃废金融债务的行为，切实维护金融债权，维护金融稳定，建立以保护债权人为中心，规范有序的社会信用环境。二是改善农村金融生态环境，探索建立优化农村金融生态环境建设的考核机制，制定落实严格的奖惩措施，尽快把农村金融生态环境建设的评价工作纳入到对各级政府和各有关部门的目标考核范围。大力培育农村信用文化，将农村诚信建设作为倡导“乡风文明”的重要内容，大力开展“信用乡”、“信用村”、“信用户”的示范活动，对守信户实行优惠信贷支持，对失信农户予以信贷制裁，净化农村金融生态环境，逐步形成优化农村金融生态环境的有效机制。结合社会主义新农村建设，继续加大对广大农村地区的征信知识宣传，提高农民及企业的信用意识、法制意识和风险防范意识。二是加快农村信用体系建设，推动农村信用工程建设工作。继续推进征信体系建设，加快企业和个人信用信息基础数据库建设，逐步建立和完善农户、中小企业信用档案，并明确规定企业和个人资信数据资料采集、等级评定、征信提供的合法程序，将征信系统建设和征信服务覆盖到所有从事小额信贷的机构和广大农村，使社会信用咨询服务活动有序进行。

2. 实行抵押品替代策略，创新担保服务方式。缺乏抵押品、交易成本高、农业风险大是农户获取贷款难的主要原因。在金融部门的市场化改革已经基本完成的制度条件下，只有创新农村抵押品的替代机制，才能够相对缓解农民由于抵押品缺乏而导致的与正规金融部门交易成本过高和信息不对称问题这是在现行体制条件下解决农户信贷（金融零售服务）获取难问题的最低成本办法。抵押品替代机制就是用组织信用资源代替实物抵押。

一是利用地区传统农区历史上具有的人缘、地缘等社会资源和近现代长期推进基层建设过程中积累的潜在组织资源，推进社会资源和组织资源的“资本化”，作为抵押品替代的组织基础，如联保贷款、农民合作社、村级基金、资金互助社、信用担保协会等。农民组织化及其功能作用是：通过信用共同体、合作经济组织、资金互助组织等形式，提高农村金融需求主体的规模化程度，实现规模经济。通过组织化，从供给和需求两个方面降低交易成本，缓解因信息问题导致逆向选择和道德风险。组织信用资源起到了实物抵押品的作用。另外，这种形式的担保替代，利用了组织成员之间相互熟悉的优势，克服了一般纯粹担保机构面临的信息获取难问题。

二是发育和利用一些风险控制机制（如捆绑交易、信贷保险等）作为抵押品替代的适用工具。农民多项经济活动的互联化及功能作用表现在：通过产、供、销、金融等方面的全面联合，形成综合合作经济组织；通过信贷、保险的一体化策略，实现金融信息共享、效能互补；通过农产品交易、生产资料交易和信贷交易的互联，控制信贷违约率。订单农业中的商品交易与信贷交易互联是利用捆绑机制作为抵押品的替代，而不是把订单作为一种动产抵押，因为订单不是一种有价“券证”。同样，信贷保险是利用保险来降低信贷风险，减少金融机构的贷款损失，而不是将保单作为抵押的资产。

5.4.3 技术服务支持

毫无疑问，技术服务在推进普惠型农村金融服务方面发挥巨大作用，技术支持服务可以提高并完善金融机构现有的管理能力和效率，并构建全球化的知识体系。大多数小额信贷市场中，技术培训和能力的建设是金融机构最为迫切需要的中观层面服务。金融机构依赖于许多技术服务提供机构，这些技术服务提供机构提供专业的培训、信息，并在某领域向管理人员提供现场咨询。需要这些支持的金融机构可以分为两类，每一类都有自己的技术要求：专业的微型金融机构，需要提高自身的财务管理水平和其他经营技能；现有的银行（商业银行、邮政储蓄银行等）一般需要调整自身系统、程序和员工技能以便能够为低端客户提供产品（小额信贷）。技术的进步，使得金融服务覆盖的人群越来越宽泛。技术服务的范围广泛，包括：财务管理、战略经营计划和方案、部门员工培训、市场调研、专业小额信贷技术、新产品开发、风险管理、信息技术解决方案、商业进程计划、人力资源培训管理、品牌策划市场营销、员工激励机制、成本计算和定价。

5.4.4 网络支持组织

网络支持组织能够使普惠金融机构分摊金融基础设施和服务的成本。一般来说，微型金融网络支持组织是指附属金融机构的全球性或区域性的非官方组织。在微型金融行业发展过程中，网络支持组织在建立新机构、制定标准、批发资金、提供技术服务、实施知识管理以及引导政策改革等方面起着重要作用。

广义上说，微型金融网络支持组织促进了机构间的联系，并且为那些承诺为穷人提供金融服务的机构提供了支持。具体来说，不同类型的网络支持组织在目标、业务范围、合作伙伴以及所提供的服务方面有所差异。CGAP 将网络支持组织分为四类：微型金融协会、技术服务型、拥有所有权型和供资型。微型金融协会对那些为共同事业联合起来的合作伙伴机构或成员组织进行监督。微型金融协会可以是国家范围、区域范围或国际范围的，而且有时指那些附属的学习网络。

5.5 构建宏观层面——政府政策及监管

宏观层面主要体现在政府应创造良好的政策环境，一个恰当的立法和政策框架能够使一定范围内的金融服务提供商共存并良性竞争，从而为大量贫困客户提供优质、高效、低成本的金融服务。在构建普惠金融体系过程中，除了客户、金融服务机构的努力外，政府需要担当个重要角色，是在不违反金融机构基本规则的公平性和金融体系稳定性的前提下，应该给金融服务的提供者以创新的空间开发适当的金融产品和服务。因此，一是制定宏观金融政策如规章制度、激励政策和监管机制，保证金融机构适宜的生存空间，使它们有能力持续性地为贫困和低收入人口提供合适的金融服务或金融产品；二是通过财政刺激等手段引导资金和鼓励金融机构为贫困和低收入群服务，主动提高普惠程度。中央银行、财政部和其他国家政府实体等是宏观层面的主要参与者，他们往往会通过以下的方式涉足金融体系：直接介入市场并提供金融服务，间接干预市场并引导资金流向；制定政策如银行业规章和监督机制，使金融机构有能力为贫困和低收入者提供恰当的金融服务和金融产品，提供财政激励或强制金融机构为低收入群体提供金融服务，以此提高普惠程度。普惠金融体系的构建需要稳定良好的国际国内经济形势，权责明晰、专业、审慎的监管，具有一致性的、系统、可行的政策性支持方案，不局限于地缘、亲缘关系的现代信用文化、企业责任意识和诚信风尚。

5.5.1 普惠金融的战略地位与政府的角色定位

党的十六大之后，围绕“三农”展开的各项问题是政府工作的着力点。为了改善农村金融服务，国家加大政策引导与扶持力度，加快我国农村金融法律制度改革步伐。2003 年 6 月，国务院下发了《深化农时信用社改革试点实施方案》，8 月，在江苏等 8 省（市）正式启动改革试点工作，2004 年 8 月，试点范围已扩大到北京等 29 个省（自治直辖市），此次农村信用社改革取得了显著成果，农村商业银行与村合作银行在全国各地兴起。银监会在 2006 年 12 月出台了《关于调整放宽农村地区银行业金融机构准入政策，更好支持社会主义新农村建的若干意见》，指出我国需要大幅度放宽农村金融机构准入政策，积极鼓励各类资本到农村特别是金融空白地区设立村镇银行、小额贷款公以及农村资金互助社等新型农村金融机构。2007 年 3 月中国邮政储蓄银行有限责任公司正式成立，提出了“引导邮政储蓄资金返还农村”的口号。中国人民银行在 2009 年 12 月发布了《金融机构编码规范》，将小额信贷公司纳入金融机构范围，承认其金融机构的地位。2011 年，中国人民银行计划在“十二五”期间，进一步降低农村金融市场的准入门槛，拓宽社会资金流向农村金融市场的渠道，提高民间资本在农村金融市场的投资比例。随着我国放开民间私人贷款，目前中国农村金融已经形成了包括政策性金融、合作性金融、商业性金融以及其他金融组织在内的所有金融组织形式共同发展的农村金融新体系。在建设普惠型农村金融体系的过程中，政府的角色至关重要。政策、法律和监管能够并且也有必要在重整和振兴金融业方面发挥重要作用，吸引更多对于金融普惠性的特别关注。对于政府而言，其最重要的角色是为普惠金融发展提供一个适宜的环境，以吸引多元化的金融服务供给者并促进市场竞争。所谓的“适宜的环境”是多方面的，包括宏观经济环境、制度环境、行业环境、监管环境等。由于这些问题的复杂性，许多利益相关者呼吁政府实施尽可能小的干预，即政府采取“不会造成损害”的措施，以确保法律法规和监管机制不会阻碍普惠型农村金融体系的发展。这种最低限度的措施是明显不够的，他们不愿意处于被动的地位，而是积极主动地寻求能够加快普惠金融体系发展的各种办法。

在国家政策层面上，政府应该给微型金融一个明确的定位，将其视为国家整体金融的必要组成部分，而不是将其边缘化。政府能够在为贫困人口建立金融体系中发挥建设性作用，主要体现在制定良好的政府政策框架和促进具有竞争活力的微型金融市场这两个方面，而不是简单的直接向穷人提供金融服务。总的来说，国家和地方各级政府应该为微型金融业市场准入和竞争的引入提供法律和监管环境。为此，主管金融行业的国家部委、中央银行和其他政府机构应该承认微型金融作为整个金融体系一部分的合法地位，而不是将其视为边缘产业或者一种资源转移机制。明确的政策立场、配套的规章制度以及完善的法律体系，都是政府在鼓励面向贫困人口和低收入家庭以及微型、小型和中型企业提供金融服务方面应该发挥的积极作用。

5.5.2 激励与约束制度政策体系

根据普惠型农村金融体系的宏观构建条件的分析结果表明，要想构建普惠型农村金融体系，需要在容易出现市场失灵的关键节点引入政府的作用，使用激励或者监管约束性质的政策来促进普惠金融的发展。政府可以通过财税货币经济政策和法律法规来运用制度激励与制度约束来推动农村普惠金融体系的发展。制度激励就是通过落实和完善涉农贷款税收优惠、定向费用补贴、增量奖励等政策，激励农村金融机构更多地把资金贷放给农村居民和农村中小企业，而不是使资金流向城市。“三农”的弱质性，决定了农村金融机构与城市金融机构之间存在明显的收益级差。建立财政补偿的农村金融机制，以保证农业投资的有效性，弥补金融机构城乡收益差别，切实提高农村金融机构服务“三农”的主动性和积极性。

1. 加大相关金融立法力度。加快制定《民间借贷管理条例》和《投资社区法》《民间借贷管理条例》有利于规范和调整各类民间借贷行为和借贷组织，弥补民间融资管理方面的“真空”，引导民间资金开展小额信贷业务，以满足中小企业和弱势群体多层次的融资需求。可借鉴国际上成功的经验，制定出台适合中国国情的社区投资法，引导金融机构将新吸收的存款主要用于当地发放贷款。

2. 制定合理税赋政策。应尽快出台覆盖全面长期稳定的普惠型农村金融税收优惠政策和弱势金融业务财政补贴政策，重点是将税收优惠范围扩大至所有农村金融机构，对农村金融机构因服务于“三农”牺牲的利润和承担的风险进行合理补偿，对涉农营业收入长期免征营业税，对农村中小金融机构减半或全免所得税。

3. 建立收入补偿机制。对支持“三农”使经济效益受到影响的涉农金融部门给予必要的财政补贴；对明显带有政策性扶贫功能的贷款，界定合理的政策性亏损空间，其政策性亏损由财政拨补；对老少边穷地区的农村金融机构，确有设置必要又达不到规模效益的经营亏损，由地方财政弥补。

4. 对贷款利息补贴。完善《中央财政新型农村金融机构定向费用补贴资金管理暂行办法》，对按上年贷款平均余额2%给予补贴的范围从现行三类新型农村金融机构扩大到发放涉农贷款的所有金融机构；加快出台符合我国“三农”发展特点的支农贷款政策性贴息办法，对商业性金融机构支持贫困地区和重点农业项目贷款，按照定比例给予利息补贴，使商业性支农贷款利率低于基准利率，以降低涉农融资成本，减轻农民利息负担。

制度约束是指通过政策法规对相关的农村金融机构支农信贷比例进行一定程度的限制性要求，2010年中央一号文件指出要“进一步完善县域内银行业金融机构新吸收存款主要用于当地发放贷款政策”。这个制度约束带有一定的强制性，这对于遏制低收入社区的资金外流、提高弱势群体的信贷满足程度是非常有必要的。在这方面，美国等国家的《社区再投资法》已经有相关的明确法律规定。强化各类正规涉农金融机构的支农职能，根据银行业金融机构的类别、地域分布，尽快确定其在县域吸收的存款直接或间接投放当地的最低比例，鼓励金融机构尽可能多地增加“三农”信贷投放。尽快修改《贷款通则》中不适合农村特点的担保、抵押管理规定，适当放宽农村地区的担保要求和担保品范围，引导金融机构建立以信用和第还款来源为基石的信贷文化。制定城乡差别化货币政策，实施覆盖所有涉农金融机构的支农贷款政策。完善差别存款准备金制度，根据不同机构涉农贷款比重设定不同存款准备金比例，对农村中小金融机构叫减半执行，增加农村金融机构的资金实力。对农村金融机构设置差异性的监管指标和考核指标，适当降低成本收入比和人均、点均等效率指标考核占比，建立负债、资产、效益全面考核的指标体系，避免过分侧重负债业务考核导致农村资金外流。

5.5.3 监管体系

自从改革开放以来，我国农村经济社会飞速发展，城乡差别也越来越大但是农村金融仍然是整个金融体系中最薄弱的环节。由于缺乏农村金融供给，国内许多农业企业与农民得不到所需贷款，落后的农村金融体系已经对我国农村地区经济社会的进一步发展造成了严重制约。为了促进我国金融业的均衡发展，2004 年 1 月《中共中央国务院关于促进农民增加收入若干政策的意见》（2004）中明确指出，在进行严格监管的基础上，应在有条件的地区积极建立服务“三农”的多种所有制形式的各种金融组织。我国于 2005 年开始在部分地区进行小额信贷组织的试点工作。2006 年银监会出台了放宽农村金融机构准入限制的政策，鼓励与支持境内外资金增加对农村金融机构的投资，增设农村金融机构网点，在全国范围内陆续建立一些新型农村金融机构。同年，国家开始鼓励在县域内设立社区型金融机构，允许外资参股，自此我国民间金融也得到了进一步发展。2007 年，中国银监会先后颁布了《贷款公司管理暂行规定》、《村镇银行管理暂行条例》等，允许国内商业银行与农村合作银行在农村地区成立贷款公司与建立村镇银行，建立服务于“三农”的银行类与非银行类金融机构，继续增加农村地区发展的资金支持力度。2008 年 5 月 4 日，中国人民银行与银监会联合发布了《关于小额贷款公司试点的指导意见》，赋予民间金融进入金融领域的合法地位，同时极大地降低准入门槛。要实现普惠金融，将微型金融有机的纳入国家整体金融系统，就需要对其发展进行有效的监管。监管一方面要考虑到微型金融行业不同于商业银行的业务和风险特征，另一方面也要主要到微型金融行业的发展阶段，监管的任务除了防范金融风险，还要起到引导金融机构发展、扩大金融服务的作用。

从小额信贷的监管来看，我国的小额信贷行业还没有一个全国性、统一的监管部门当前，我国的小额信贷机构可以分为银行类机构、政府类机构、非政府组织和商业性小额信贷机构，不同机构所处的法律和政策监管框架不同，小额信贷行业呈多样化的监管标准，各类不同组织或机构开展的小额信贷业务往往是依据各自不同的机构性质由相关的部门和机构进行不同强度的监督管理。需要特别指出的是，当前在中国数量众多的NGO专业小额信贷组织缺乏实质性的监管机构。中国开展小额信贷业务的各类主要组织或机构的监管部门总体情况见表5-1。

表5-1　　我国对开展小额信贷业务各类机构的监管部门总体情况

机构类型	监管部门情况
NGO专业小额信贷组织	业务监管主体尚不明确
政府小额信贷委托项目	相关政府部门或受托方金融机构
从事小额信贷业务的银行业机构	中国银行业监督管理委员会
试点小额贷款公司	开展试点工作的当地政府及其有关部门
从事小额信贷业务的其他机构	典当行由国家及地方商务部门、公安部门主要负责监管

主要从扩大金融服务的目标出发考虑在建立普惠金融体系的过程中，选择哪种类型的监管措施。主要关注与小额信贷和储蓄行为相关的监管问题，基本上不考虑其他类型，例如那些与支付和保险服务相关的监管问题。面对微型金融机构具有很大的挑战性：所有权问题、监管手段、监管成本。

1. 监管原则。对微型金融机构的监管要求和普通商业银行是不同的，这一方面是因为微型金融行业不同于商业银行的业务和风险特征，另一方面是因为这个行业还处于成长之中。综观全球微型金融的发展以及各国对微型金融机构的发展模式和监管框架，凡是微型金融发展好的国家，一般都具备比较清晰的监管思路和法律框架，而且在政府的监管框架中，特别强调微型金融机构的灵活性和创新性；凡是微型金融发展不好的国家，一般而言，不具备微型金融机构的明确的法律框架，微型金融机构受到过多的政府干预和行政性控制，过度的金融抑制措施使得机构的发展空间受到限制。

监管必须区分审慎性监管和非审慎性监管。审慎性监管就是政府对被监管机构的金融稳定性进行的监管，此类管理的目的在于确保被授权机构保持偿付能力，或在其无力偿还时中止其储蓄业务。审慎监管通常比大多数非审慎监管复杂、困难、耗资。一般认为，从公众中动员存款的微型金融机构应当受到审慎监管，而对那些只发放贷款的微型金融机构应当受到非审慎监管。

如何确定监管对象，各种金融机构的层级，怎样界定微型金融机构的边界，是建立普惠金融监管体系的一个核心问题。国际微型金融发展的经验表明，微型金融监管框架的设计必须符合以下几个原则：第一，灵活性原则。即监管框架的设计必须适应微型金融机构运行机制的特征（如贷款合约文件简单、信用评估体系简便、金融产品设计灵活），采取比较灵活的更具弹性的措施，而不是比照正式金融机构的运行特征对微型金融机构行业进行过于僵硬的监管。第二，激励兼容的原则。即监管框架的设计必须有利于调动机构、投资者、捐赠人和其他批发性贷款者的积极性，激励他们更多地投入到这个“穷人的金融行业”的发展中，而不是通过法律框架遏制这种投入。第三，成本收益原则。即监管框架的设计必须考虑到监管行为和被监管行为本身给监管者和被监管者可能造成的成本以及可能获得的收益。这就意味着，监管框架的设计首先必须考虑到微型金融机构所付出的成本，还要考虑到监管者的监管成本，即监管者对大量的微型金融机构必须付出很多的人力、物力和财力。经验表明，在一些国家，对于那些总量可能只占很小比例，但数量众多而规模很小的金融机构，政府可能要花费他们监管资源的25%－50%。监管成本高昂可能导致对这些小机构监管不力。如果监管框架设计过于繁琐，既超过了被监管者的承受能力，也超过了监管者的监管能力，那么这样的监管框架或者形同虚设，或者最终归于失败。第四，适应性原则。即监管框架的设计必须与现有各类微型金融机构的实际性质和类别相适应。现有的机构，种类繁多，经营方式和资金来源都有很多的区别，因此必须针对不同的机构进行不同的监管，其监管模式和监管内容都应该有所不同。第五，基于风险的自我监管原则。即必须在监管框架中更多地鼓励微型金融机构自我监管，使其有动力在内部风险管理的基础上进行自我监督，有效进行预防性内部监管。第六，行业自律原则。在控制监管成本的考虑下，应尽量鼓励行业性的自律组织的建立，利用这些行业自律组织对微型金融机构进行信用评级、资产评级、业务监管和信息披露。行业自律对于非正式的非银行类金融机构极为有效。

2. 分层次的监管框架。对微型金融机构实施有效地监管有利其健康发展。理论上，可以存在三种监管框架，即银行法框架下的监管、特定微型金融法律框架下的监管以及自我监管三种。

银行法框架下的监管有一个前提：微型金融机构从事的是银行业务，如吸收个人存款并发放贷款。监管方式包括现场监管，也包括日常监管。通常有政府的专业银行监管机构负责监管。

特定微型金融法律框架下的监管，其前提条件是：一方面，监管者意识到微型金融机构的重要性；另一方面，微型金融机构也发展成熟到能够适用法律监管的地步。监管方可以是现有金融监管部门的新增机构，也可以是胜利一个完全独立的新机构，另外，还可以在中央监管机构下设一个地方性的执行机构负责对微型金融机构的专项监管。

自我监管。由于政府部门处于对微型金融机构缺乏兴趣、监管能力不足或者是缺乏对微型金融了解的原因都可能导致政府部门极少介入微型金融机构的监管活动，从而使其在自我监管的框架下运行。实行自我监管的动力在于向外界发送一种成功信号，从而降低他们的融资成本或者是由此会的新的融资途径。在这种监管方式下，一个旨在披露信息的机构取代了政府监管的地位，自我监管演变成金融机构的评级系统。自我监管不能仅仅为了保护投资者的利益，同时他还必须监管消费者的利益保护，这样的监管威慑作用更强。在具体实施监管时，可以从系统风险、从事业务种类、资金来源和机构性质四个方面来考虑如何对微型金融机构在进行监管（具体见表 5 - 2 实施监管考虑的四条标准）。

表 5 - 2　　实施监管考虑的四条标准

	相关因素	可能情形	建议采取的监管方式
系统性风险	微型金融行业和历史涉及的资金数量	(1) 起步和迅速发展期的微型金融市场，机构涉及的资金数量比例很小。 (2) 成熟的微型金融市场，机构比较掌握了相当比例的资金。	- 在情形 (1) 下，建议采用基于自我监管框架下的温和监管和委托监管。 - 在情形 (2) 下，建议根据具体情况对进入门槛、资本充足率、存款保险和及时报告制度实施监管。
从事业务种类	从事业务的性质： (1) 仅仅从事贷款业务 (2) 从事存款业务 (3) 提供其他业务	(1) 仅对成员或公众提供信用贷款的机构。 (2) 同时进行存款（定期存款或强制存款）和贷款业务的机构。 (3) 同时提供微型保险、微型租赁和其他金融服务的机构。	- 在情形 (1) 下，建议采用透明化要求，并不强制执行。 - 在情形 (2) 下，根据机构的性质，应设立单独机构或由中央银行对第 (2) 类机构进行管制。 - 对第 (3) 类机构而言，如果它与第 (1) 类机构的区别仅在于贷款方式的创新那么将其视同为第 (1) 类机构进行监管。而对于其提供的其他类型的金融服务（如微型保险），应实施特别监管。

续表

	相关因素	可能情形	建议采取的监管方式
资金来源	－捐赠资金 －成员资金 －公众资金	(1) 接受捐赠资金，并通常只进行贷款业务的机构。 (2) 收集成员的资金并通常以此为其他成员融资的机构。 (3) 在公众间筹资并以此进行金融机构。	－对所有微型金融机构进行公开注册，并要求它们定期披露信息。由此也可以提高它们的融资能力。 －那些在公众间筹资的微型金融机构必须满足一系列相关的要求，比如市场准入、最低资本率、组织架构、定期报告和存款保险。
机构性质	－NGOs －信用组织 －商业银行的分支 －小额信贷银行	－NGO通常是只从事贷款行为的机构。一旦它们开始吸收存款，就适应不同级别的法律和监管框架要求。 －其他的微型金融机构也可以吸收存款。	－对只从事贷款行为的NGOs不需要进行过多的监管。 －为信用机构和小额信贷银行制定的资本要求和组织框架构要求不需要过于繁琐。 －对于从事小额信贷业务的商业银行分支机构应按照《商业银行法》进行管制。

资料来源：Gianfranco A. vento，“new challenges in microfinance ：the importance of regulation”，2004

3. 各种形式微型金融机构的监管模式。不同类型的微型金融机构有着不同的组织和运营特征，这些差异可能使得它们遭受某些风险的冲击。基于风险的金融监管方法表明，尽管微型金融机构在资产机构方面差异很小，但是它们在负责结构方面却差异很大。即在位其资产和运作提供资金以及满足资本充足率方面的差异很大。一旦授权从公众那里获得资金，那么就会对资产方面的行为进行限制，使它们满足审慎监管标准和指标。所有微型金融机构都受益于一个透明的监管框架，这个监管框架为不同的小额信贷系列提供了不同的监管模式，并使得这些微型金融机构可以在合适的时机循序渐进地演化为正规的金融机构。在这样的背景下，确定监管框架模式就是要界定各种金融中介的行为门槛，这些监管门槛决定了微型金融机构要满足外部的或强制性的监管要求。作为一个金融机构，所有类型的微型金融机构要谨慎行事，遵守内部监管和自愿监管的各种风险管理指标。

稳健发展多种形式的微型金融机构，要求坚持市场开放和防范风险相结合的原则，即在推进小额信贷发展的同时，应妥善处理市场开放的范围与速度和不断提高监管能力之间的关系。表5－3为按照微型金融机构类型确定的监管模式。

表 5-3　　按照微型金融机构类型确定的监管模式

微型金融机构类型		决定监管地位的行为	建议采取的外部监管形式	监管机构
类型A	第一种：基本的非盈利性的非政府组织（NGOs）	以捐赠资金的数额为限进行小额信贷投放	无外部监管，自愿注册，拥有自我监管组织	无监管机构，或拥有自我监管组织
	第二种：进行有限吸收存款的非盈利性的非政府组织	吸收很少量的存款，对社区内的小额信贷客户进行强制性的储蓄	无外部监管，不属于银行法监管范围；有义务进行强制性注册，拥有自我监管组织	自我监管组织
	第三种：非政府组织转型为公司式的小额信贷组织	通过批发性的存款分支机构，利用一定金融工具筹集资金（商业票据、大额存单）	注册为公司法人实体；由银行监管当局或者证券交易委员会进行授权，对商业票据金融产品在规模、期限和交易方面进行一定限制	公司注册机构，银行监管当局或证券交易委员会
类型B	第四种：贷款协会，储蓄与信用合作协会	作为发行封闭式或开放式普通股的贷款协会开展业务；从社区内的客户成员那里吸收存款	在银行监管当局或合作社监管当局进行注册并汇报工作；或由独立的私人信贷评估机构进行确认和评估	合作社监管当局，或银行监管当局以及信贷评估机构
类型C	第五种：专业化银行、吸收存款的机构后者金融公司	超过银行法规定，对一般公众吸收有限存款（一般储蓄和定期存款），这些微型金融机构行为比非政府组织更为广泛	由银行监管部门注册并发给执照，对一些业务有限制性条款（如对储蓄与定期存款、对资产业务和资产用途、对较高流动性的储备等进行限制）	银行监管当局
	第六种：注册的互助银行	非限制性的吸收存款的行为，包括通过商业票据和大额存单从一般公众那里筹集资金	作为一个互助银行或者股份制银行，由银行监管当局进行注册并发给执照，遵守资本充足率、贷款损失准备金等规定并进行审慎监管	银行监管当局
	第七种：注册的股份银行			

资料来源：hennie van Greuning, Joselito Gallardo and Bikk randhawa，“A Framework for microfinance institutions” the world bank，financial sector development department，December 1998.

金融监管的主要职能是对金融市场起到保护、维护其公正和稳定性的作用，并没有明确地将扩大金融服务覆盖范围、增强其可获得性包括在监管目的之内。然而，提高金融服务的可获得性是普惠金融的基础，因此，有必要将这一点纳入普惠金融监管框架设计的目标。监管当局在行使审慎监管和保护客户的职能使，至少还应该认识到其决策对贫困人口和中小企业获取金融服务所产生的影响。金融服务的获取途径不应该在无意中被过多的限制，事实上，监管框架中的一些措施能够促进普惠金融发展，扩大金融服务覆盖范围。通过考虑监管工具对普惠金融产生的影响以及开明地对待产品创新、享受监管的金融产品及其提供方法，可以达到这个目的。

如果将金融服务的获取途径问题纳入银行业的监管，需要考虑以下问题：改变市场分割的观念；允许多种类型的金融机构推广微型金融产品；将微型金融看作使一种全行业操作的业务，并将其作为一项单独的资产类别进行监管；允许产品开发上更多的创新以及被正规金融机构更多的产品种类；允许机构“进步”到其他机构形态和监管体制，以及有组织地发展壮大，以服务微型和中小型企业市场；将微型和中小型金融机构纳入主流金融业。以提高灵活性但不影响稳定性为出发点对监管规则进行完善，以此为业务创新预留空间；在对微小型企业和贫困家庭的风险有更好的理解的基础上，调整监管行为。在将增加金融服务获取途径作为一个政策目标的背景下，重新审议国际标准。

总之，传统监管制度的基本原则是保护存款者和维护金融系统的稳定性，而现在应该考虑将增加穷人和微小企业对金融服务的获取途径与监管制度相结合。实现普惠金融的愿景，需要把金融服务的获取途径问题融入整个金融业，同时强调监管框架对于金融服务获得程度的重要性。

综上所述，普惠型农村金融体系的形成，是一个从金融排斥到金融包容，逐步成长壮大的过程。这个过程的实现首先要突破金融资源向弱势领域流动的障碍，引导传统金融机构、新型金融机构及非正规金融部门增加对弱势领域的包容，其次，要依靠内在的金融创新、弱势领域的自身发展，以及外部环境的改善，通过内外部各自力量的彼此连接，共同作用，吸引更多金融资源进入，使普惠型农村金融的需求和供给持续扩大，从而实现规模经济和范围经济效应，降低服务成本，形成普惠型农村金融体系自我加速的良性扩张。

6 普惠金融视角下农村金融体系建设的对策建议

6.1 着力于发展新型农村金融机构和推广小额信贷等微型金融服务

1. 规范发展多种形式的新型农村金融机构。随着各大商业银行纷纷从农村地区撤出，在切实加强监管的基础上，应允许新设机构进入农村金融市场，规范发展多种形式的新型农村金融机构和以服务农村地区为主的地区性中小银行，特别是重点引导各类资本到金融机构网点覆盖率低、金融服务不足、金融竞争不充分的地区投资设立机构。允许有条件的农民专业合作社开展信用合作。民间借贷是正规金融的有益补充，要规范和引导民间借贷健康发展。对依法运作、操作规范的民间借贷，要依法保护借贷双方的权益。对涉嫌非法集资的，要依法处置，坚决打击。

2. 鼓励推广小额信贷等微型金融服务。鼓励发展适合农村特点和需要的小额信贷和微型金融服务。目前，我国小额信贷和微型金融服务业的主体是农村信用合作社，还有近两年刚刚发展起来的村镇银行、农村资金互助社、小额贷款公司等新型农村金融机构。在我国，微型企业和农户数量巨大，小额信贷和微型金融现实和潜在的客户量众多，小额信贷和微型金融服务业前景看好，为了能建立普惠性的农村金融体系，要进一步放宽对小额信贷和微型金融服务业的市场准入，开放民营资本进入小额信贷和微型金融服务业的途径，允许农村小型金融组织从金融机构融入资金。

要实现小额贷款公司的可持续发展，一方面，必须实现市场化的商业性经营，完成现阶段公益化向商业化的过度是其可持续发展的前提，贷款利率市场化是实现可持续发展的必要条件，完善的风险控制机制是实现可持续发展的保障，同时小额贷款公司应充分发挥其小额、分散贷款的优势，并以此为贷款原则长期不变。另一方面，打开小额贷款公司融资渠道。小额贷款公司是三农建设的重要资金供给方，但他同时也是资金需求者，而目前小额贷款公司可获得资金的渠道太少，严重阻碍了小额贷款公司的可持续发展。首先，提高小额贷款公司在银行业金融机构的融资比例。其次，向小额贷款公司开放各类金融市场。包括银行间同业拆借市场、债券市场、股票市场等。最后，对信誉良好，评级优秀的小额贷款公司放开存款限制、允许其吸收存款。

3. 互联网金融和小额贷款公司的有机结合是实现普惠金融的一项重要举措。二者既有竞争又有合作，相互促进，共同发展。传统小额贷款公司以互联网金融为依托，通过网络化的金融服务，对传统服务方式进行改造和转型，有效降低运营成本，增加收益。同时依托大数据和云计算，实现小额贷款公司对客户贷款资金流向的全程跟踪以及客户交易记录的永久保存，有效解决了信息不对称问题，降低小额贷款公司贷款不能收回的风险，有效减少小额贷款公司可能发生的亏损。

6.2 着力于建立健全农村信贷担保运行机制

近年来，在我国各地开展了农村信贷担保发展的探索，信用担保模式主要有以下几种形式：一是政府出资政府运营的政策性信用担保机构。二是政府出资或是参股，或是对担保公司进行风险补偿，市场化运作的信用担保机构。此类担保机构的特征是：政府只对担保主体进行规定，担保公司按市场要求控制风险，通过各种方式防范和化解风险，自主决定担保对象的选择、反担保方式、合作银行和合作方式，实现自身营利目标。三是以营利为目的的商业性担保机构。四是农户或农村中小企业以入股方式加入的合作互助式信用担保机构。农村信贷担保的发展，对促进信贷资金向农村融资主体的投放、有效缓解农民贷款难起到了一定的作用。我国各地市可以根据自身实际情况参考以上信用担保模式。

目前，农村信用担保机构的发展存在诸多制约因素，信用担保机构规模普遍较小，资本金少，风险化解能力和代偿能力很低；农村信用体系还不完善，担保公司承担较大的个体违约风险；担保机构运作不规范，潜在风险较大；信贷担保覆盖率不高，还不能适应现实需要。要建立政府扶持、多方参与、市场运作的农村信贷担保机制。这是基于我国农村信用信贷担保体系现实情况而提出的一项重要政策。建立政府扶持、多方参与、市场运作的农村信贷担保机制，需要采取的主要措施有：

1. 加大政府对农村信贷担保体系建设的支持力度。鼓励政府出资的各类信用担保机构积极拓展符合农村特点的担保业务。有条件的地区，可以由政府牵头出资、农民和农村企业参股，建立专业化信贷担保机构，采取市场化运作方式，主要服务于农民。鼓励现有商业性担保机构开展农村担保业务，增强担保公司的担保能力。有条件的地方政府可扶持建立农村信贷担保基金。鼓励有条件的专业合作社、涉农企业和陇会组织创办针对农户和农村中小企业的担保公司。

2. 建立信用担保机构风险分散机制，加快农村信用体系建设。主管部门加强业务监督指导，明确行业准入条件、从业人员资格、内控规范要求，加强对担保机构日常业务运行的监督指导，提高担保机构资质水平，引导信用担保机构规范运作。要尽快建立统一的小企业信用评估体系，推进信用村镇建设，规范和完善农户、农村中小企业信用档案，优化信用担保机构业务运行环境，降低业务运行成本。积极开展对信用担保机构的信用评级，规范企业、担保中介、贷款银行之间的信用关系，整合各方面信用信息，预防担保中介失信带来的金融风险。借鉴国际经验，探索建立信用担保保险体系。

6.3 着力于加强农村信用体系建设

涉农金融机构特别是银行业金融机构，是以货币为经营对象以信用为根本的特殊企业。所以，信用等级的高低决定融资的难易程度，为加快农村金融体系建设，必须将农村信用制度建设提上日程。信用制度的建设既需要宏观方面政府和相关监管部门的努力，也需要中观涉农金融机构本身的努力和配合，更需要微观市场主体的自觉维护。各方主体都应该将营造良好的农村金融信用环境作为维护农村金融市场有序运行的重点。

1. 进一步推动农村信用工程建设，深入开展涵盖政府、企业、个人多方的信用体系的建设工作，进一步完善规范化的基本信用制度。政府一方面在农村地区要加大对农民的诚信教育的力度，从根源把关。使农民充分认识到信用在个人生活以及经济生活中的重要性，自觉提高信用观念。完善信用指标评价体系，深入推进各地区信用乡、村、户的评选工作，对信用等级高的地区加大信用贷款的投放，使农民感受到高信用等级在融资活动中带来的便利与快捷。从而推动农村信用工程的建设。另一方面，政府对违法违规逃债的中小企业要给予严肃处理。

2. 健全农村征信体系建设。由于我国农村征信体系不完善，银行业金融机构在为农村金融市场资金需求主体提供贷款时，对其信用情况无从了解，导致了债权人与债务人之间的信息不对称，存在潜在的信用风险。因此健全完善农村征信体系刻不容缓。首先，建立信息共享机制。将工商、税务、银行、法律部门、民政部门等机构的征信信息共享，推动和完善由人民银行领头、政府助推、各方共同努力的农村征信体系。其次，提高农村信用体系的覆盖面。扩大信用信息收集的内容。最后，在农村地区普及金融基础知识，避免农民因不了解或不知道相关规定从事非法的金融活动。

3. 制定科学合理的信用等级评价指标体系，统一信用评级格式。各地区信用评级的最高等级有的是5A有的是3A，标准不统一，无法实现地区间信用评级结果的信息共享。因此，中国人民银行应制定统一的信用评级模板，各地区出台具体执行方案。农户信用评级要本着公开公平的原则。评定工作要坚持民选民的方法为主，信用社专业人员对评定工作进行公正性和科学性把关，评定结果不仅留有纸质档案，还应当留存数据档案，永久保存。

4. 构建守信联合激励，失信联合惩罚的长效机制。信用评定结果与贷款额度支持相联系，只有农民感到信用评定与自己切身利益相关，才会有积极性参与评定，并且努力提升自身信用等级，使得农村信用环境得到根本提高。涉农金融机构要加强对农户贷款资金流向的监督以及信贷活动的复查。对于有不良信用记录的农户，各金融机构形成统一战线，打击失信行为，匡正农村不良信用之风。同时村级基层组织对失信行为进行道德谴责，对不良信用行为进行通报批评。

6.4 着力于逐步引导农村土地经营权等进入金融领域

1. 积极推广林权抵押贷款。我国林业业资源丰富，一些地区农村信用社率先在金融机构中开办林权抵押贷款业务，为破解林业企业和林农贷款难问题，满足广大林权所有者的融资需求。省联社与省林业厅共同制定林权抵押贷款办法，确定林权抵押贷款操作流程，在部分县市开展先期试点基础上，积极总结经验在全国全面推广。一是拓展林权抵押贷款对象。所有符合《贷款通则》中规定条件的农户、个体工商户、企业等都可作为林权抵押贷款对象。二是拓宽林权抵押贷款用途。林权抵押贷款可用于生产、消费等各种合法领域。鼓励林业生产经营者全方位利用森林资源，通过林权抵押贷款延长林业产业链，扩大发展外延；鼓励林权抵押贷款用于办企业、旅游开发、特色种养等国家鼓励的行业和产业。三是合理确定抵押率。在林权抵押率的设定上，灵活多样，因林而异，一般控制在评估价值的60%（含）以内。同时，争取有关部门支持，简化评估程序，降低评估费用，逐步扩大林业抵押贷款的覆盖面。四是科学确定贷款期限和利率。林权抵押贷款在期限设定上，与林业生产周期相匹配，并综合考虑借款用途、林权证规定的林地使用期限等情况，最长不超过5年。对林权抵押贷款实行利率优惠，在现行农业贷款利率的基础上适当下调。五是提升信贷服务水平。加强与有关部门沟通协作，优化办贷程序，提高办贷效率，加大投放比例，全面推进林权抵押贷款业务，真正使林木资产成为“流动的资本”和可随时变现的“绿色银行”，有效推进林权制度改革，加快林业经济发展，助推了全国新农村建设。

2. 探索土地抵押贷款模式，逐步引导农村土地使用权进入金融领域。我国发展农村土地承包经营权抵押贷具有较大的可行性：土地保障职能逐步弱化，为开展农村土地承包经营权抵押贷款提供了社会基础。承包经营权限逐步延长，为开展农村土地承包经营权抵押贷款提供了法律基础土地流转规模逐步扩大，为开展农村土地承包经营权抵押贷款创造了市场基础。

农村土地承包经营权流转抵押贷款运作模式选择：一是小额循环贷款信贷模式。小额循环贷款是指农民之间提供农村土地经营权证进行担保，在一定期限内进行小额度多次贷款的一种信贷模式。二是农村土地经营权直接抵押贷款模式。农村土地经营权直接抵押贷款是指农民将拥有的农村土地经营权证直接抵押给信用联社担保贷款的模式。三是担保公司担保贷款模式。为解决农民大额借款需求，由第三方为农民向信用联社提供担保，而农民将自己拥有的农村土地经营权证向第三方进行反担保的一种贷款模式。担保公司与信用联社签订贷款担保协议，提供担保额度不超过资本金的5倍，单户最高担保额度不超过资本金的10%。担保贷款不超过土地抵押价值的50%。

发展农村土地承包经营权抵押贷款的相关政策建议：一方面，加快农村土地价值评估市场建设。建议由农村土地管理机构设立建立土地承包经营权价值评估机构，加大专业资质评估人员培训，对土地承包经营权价值进行评估，为金融机构开展农村土地承包权抵押贷款提供评估服务。另一方面，加快农村土地经营权流转市场建设。建议建立县、乡、村土地流转信托服务机构。即在县（区）设立“土地信托服务中心”，乡（镇）设立“土地信托服务中转站”，村一级由村经济合作组织设立“土地信托服务点”，为农村土地经营权流转提供服务，服务内容主要包括：一是土地流转供求登记和信息发布，接受供求双方质询，推荐可开发项目；二是协调供求双方有关事宜，落实契约关系，办理合同签证手续；三是对土地流转跟踪服务，调节纠纷，协调供求关系维护土地所有者、承包者和经营者三方的合法权益。

6.5 着力于发展农村保险以降低普惠金融业务风险

农业保险规模的不断壮大及其服务领域的逐步拓宽，对防范抵御农业风险，促进农民增收，维护农村稳定，保障和促进社会主义新农村建设等方面都发挥了积极的作用。因此，要通过加强保险业与农村银行、邮政、农信社等机构的合作，强化金融对“三农”的资金支持和风险保障作用，要进一步提高保险业和上述机构的合作层次和深度。

1. 建立有效的政策性农业保险制度。现阶段，我国广大农村地区仍然存在农业保险覆盖程度低，保障水平不高等一系列问题。因此应进一步贯彻落实农业保险制度，降低普惠金融业务风险。首先，加强财政对农业保险的资金投入，具体可包括保费的补贴和保险公司经营管理费用的补贴。其次，对农业保险税赋实行减征或免征的优惠。减免额全部计入保险公司大灾准备金，建立专门账户对准备金进行管理。最后，对于有关国计民生的主要农林牧渔产业，由国家出资，指定专门保险公司承保。

2. 建立多元化的农村保险机构。为了建立形式多样的农业保险机构，国家可以成立农业风险基金，由国家、保险公司、农民共同承担农业风险；或者国家设立政策性保险公司，把农业保险从现行的保险公司中分离出来，由中央政府和地方政府共同承担农业风险；另外，还可以采取由政府支持的合作保险模式，成立以农民为主体的合作保险组织。建立农村保险产品合作开发机制。联合开发小额信贷借款人意外伤害保险、借款人财产保险等新产品，并按照“整体推动、市场运作、保障全面、保费低廉”的原则联合推广。建立融资与保险配套合作机制。一方面，由农村信用社等农村银行机构完善现有的农业贷款户经济档案内容，增加贷款户的保险记录，并将申请贷款户是否参保、参保类别、参保金额、参保年限等内容作为审核发放贷款的主要参考因素；另一方面，由保险公司进一步丰富农业保险品种，提高保险服务质量，发挥农业保险对防范和化解农村信贷风险的积极作用。

3. 健全再保险市场体系。探索建立政策性农业再保险机制，通过采取财政补贴、税收优惠等有利措施，鼓励各类商业性保险公司为农业保险提供再保险支持，建立有效的巨灾风险分散机制，从而降低贷款的风险。

6.6 着力于充分发挥多元化农村金融机构的作用

发达国家已经形成了多元化、职能化的农村金融体系。各层次金融机构间以及同一层次金融机构间分工明确、相互配合，既有竞争又有合作，为农村经济发展提供有力的金融支持。现阶段，服务于我国“三农”发展的农村金融机构主要以政策性银行、商业性银行以及合作性金融机构等正规金融机构为主，以农村地区非正规金融机构为辅。想要更好的构建我国普惠型农村金融体系，就要使各类农村金融机构的作用充分发挥。具体而言，第一，政策性金融主要行使政府职能，以国家信用为基础。贯彻落实三农发展的政策性金融业务，同时建立和完善政策性金融支农制度。第二，商业性金融机构以支持农村金融主体中的中高层次金融需求为主。商业性金融机构较政策性金融机构、合作性金融机构而言，市场化程度更高。因此服务于农村地区较高层次的金融需求，既能落实相关支农政策，又能获得收益。第三，合作性金融机构要立足于基层，坚持合作性。发挥其从基层群众中来，为基层服务的作用。

农业发展银行作为服务于三农的重要政策性银行，应重点体现其“政策性”。因此，其主要业务应该突出以下几个方面：

第一，粮食收购资金供应和管理。民以食为天，食以安为先。粮食产量和安全一直是党中央高度关注的焦点，也是国民经济的基础。国家对粮食储备以及调销的宏观管理，决定了粮食信贷资金管理的政策性。现阶段，我国粮食市场还没有实现完全的市场化，因此农业发展银行的信贷业务就必然包含粮食信贷资金的管理和供应，这是由我国的国情决定的。农业发展银行一方面要围绕中央、省级粮食储备开展信贷业务；另一方面要加大粮油加工业务的贷款额度，鼓励并支持粮油购销企业进一步从事粮油加工业务。

第二，为实现农业现代化和产业化，开展在政策指导下的商业性业务。其中包括，为农业产业化龙头企业建设和发展提供相关贷款业务。支持农业高科技开发和应用。同时将农业产业化、现代化和结构调整结合，支持安全无公害、优质农产品的发展。

第三，为更好地完成农业结构调整，整合农业发展银行政策性业务。首先，建立农发行可持续发展机制。将事后核算机制转化为事先明确补偿范围和规模，同时将农发行政策性业务与商业性业务进行分账管理。其次，健全农发行政策性金融功能。收回由农业银行代办的政策性金融业务，开展与三农发展相关的中间业务。最后，人民银行适度扩大农发行的职能范围。允许农发行支持农业基础设施建设。

农村商业性金融是我国农村金融体系的重要组成部分。是与我国落后的农村经济相适应的一种区域性金融制度。

第一，农村商业性金融机构要以供给乡镇中高层次金融需求为重点。具体而言，首先要以支持农业现代化为基本出发点，带动农业产业化的发展以及农业产业链的形成。其次加强零散农户小规模生产与大企业大市场的有效对接，从而实现农民生产的规模化和集约化，提高农业生产效益。最后支持国家建设新农村重点项目，配合农村地区基础设施建设。

第二，农村商业银行要将县域业务做大做强，同时加强对风险的防范与把控。只有实现贷款放得出且收得回，才能获得收益，保证农村商业银行在“三农”建设过程中得到可持续发展。

第三，充分发挥商业银行对农村经济发展的支持作用。农业银行是我国商业银行在支农领域的主要力量。因此要加大县域农业银行分支机构竞争优势，给予其更大的自主权，允许更多资金用于农业贷款投放，同时根据不同地域的特点，制定有针对性的信贷管理方案。

为促进合作性金融在农村地区的发展，必须以农村合作性金融机构的性质为出发点，依据不同的机构层次和业务范围，来制定对应的政策和制度，以此来确保各个农村合作金融机构功能的有效发挥。健全和完善多层次广覆盖的农村合作金融体系，加快梳理省级联社和县级联社、信用社的关系，保证基层农村信用社具有独立性。只有在基层农村信用社具有自主权，充分尊重法人经营权的基础上，才能逐步形成合作金融服务观念，充分调动和发挥人才和管理上的优势，从而建立有效的金融产品创新机制，开发满足各层次农村市场主体需求的差异化金融产品。

第一，确保农村合作金融机构具有独立性的前提下，加强合作金融机构和商业金融机构间的合作，同时建立政府与农村合作金融机构间的有效沟通机制。导致我国农村信用社低效率的关键是产权关系不明确。因此，提高农村信用社效率的关键是以市场化有进有退原则为基础，通过小额信贷等管理模式和内部承包等产权形式建立有效的激励约束机制，从而实现农信社高效的经营运转。

第二，人民银行降低对合作性金融机构的存款准备金率，使其低于一般商业银行，同时为降低农村市场主体资金使用成本，央行可以向合作金融机构发放支农再贷款；降低农村合作金融机构经营成本，适当减免合作金融机构的相关税费。

第三，营造农村合作金融健康发展的外部环境。要制定相关法律法规及配套的相关措施，保障农村合作金融机构的正常运行。只有通过法律的强制规定，才能规范合作金融的性质，进而确保合作金融的健康高效发展。

重视民间金融在农村金融体系中的重要作用。从宏观政策、法律制度入手，支持和鼓励民间金融朝着正规化、合法化的方向健康发展，增加农村金融服务的供给。

6.7 着力于建立完善的立法和政策监管体系

完善的法律体系是实现普惠金融的前提。在我国，对农村金融机构的监管普遍效率不高，导致这一结果的非常重要的原因就是相关立法不够完备、制度不够健全。而监管的低效率一方面阻碍了正规部门向银行的金融机构提供贷款，另一方面也阻碍了银行等金融机构向非银行贷款人的农村市场主体提供贷款。同时，法律的不健全与监管的低效率进一步导致了农村地区经济发展缓慢。因此，为更好的建设普惠型农村金融体系，实现多层次、广覆盖的农村金融服务。应完善普惠金融法律制度，从法律的层面强制规范和制定普惠金融评价指标体系。

人民银行和银监会以及相关金融监管部门在考虑我国农村地区经济运行的

独特性和弱质性的基础上。在制定农村金融服务政策时，要考虑降低对涉农金融机构的限制条件，加大对其金融服务产品创新的支持，有针对性的采取各类灵活的政策措施，加大对农村普惠金融市场的培育力度。

首先，人民银行作为我国支付清算体系的管理者和规划者。技术上，应加快全国支付结算网络的建设；管理上，优化有关支付清算服务的政策措施，加大对相关业务人员的培训管理力度，督促相关金融机构提高农村金融服务水平。其次，监管部门要保证与农村金融服务相关的政策措施的执行。降低准入资本和准入条件门槛、简化审批流程、落实优惠政策，支持、鼓励和规范能满足农村需求特点的村镇银行、社区银行等基层农村金融组织。最后，加强行业自身监管力度，建立行业自我监督机制。加快行业自律组织的建立，监督和规范行业内各机构间的平等竞争，维护和协调健康良好的农村金融秩序。同时，建立和完善透明公开的信息披露制度，接受全社会的监督。特别提出的是，为保证非正规的民间金融能够在可控风险下发挥最大的金融支持作用，相关监管部门要及时给予引导和监督。

6.8 着力于因地制宜，均衡各区域普惠金融的发展

我国农村地区具有地广人多、各地区气候条件差异大，经济金融水平发展不一致等特点。农村金融需求多样化、差异化。应尽快建立和完善普惠型农村金融体系，有针对性的依据不同地区的特点推广普惠金融，协调各地金融发展水平，提高农村金融服务的可获得性。

一方面，在经济较发达，人口密度大的农村地区。加大对相关金融基础设施的投入，设立更多的银行营业网点、布设更多的 ATM 机、POS 机等；扩大农村金融综合服务站的业务范围；将农村基础性服务与电商业务、金融扶贫等相关业务相结合，深化基础性农村金融服务；推广和普及线上支付等新兴支付方式，将线上支付与线下支付有机结合，增强普惠型农村金融服的可获得性和实用性。

另一方面，在经济较落后，人口密度小的农村地区。为提高农民金融服务的可获得性，应加大财政投入同时减免相关税收，引导相关农村金融机构降低相关金融产品的收费。在地方财政状况允许的条件下，也可由地方政府完全负责农村金融基础设施的资金供给，并将其纳入准公共产品，平稳有序推进。

同时，农民素质对农村金融的发展也具有深远的影响。对农民的教育和培训，无论是在发达国家还是在发展中国家的农村金融体系建设中，都是关键的部分。其中，金融及农业专业知识的培训，能够使农民了解自己需要且能够从金融机构获得哪些金融服务；金融法律的宣传教育，能够有效减少和避免某些非法金融活动的开展，使得农村金融体系能够稳健的运行。普惠型农村金融体系的高效可持续发展离不开高素质农民的支持。但是一直以来，由于我国农村地区匮乏的教育资源以及落后的教育水平，导致了我国农民较低的文化素质。因此，要实现普惠金融，就业从金融服务的接受方入手，提高农民的科学文化水平，实现农民对金融基础知识的普遍认知。

6.9 着力于加强农村金融的调控力度

我国金融市场是在政府看得见的手和市场看不见的手两方力量共同作用下运行。在农村金融市场，虽然政府失灵和市场失灵都会导致不良的后果，但是由于我国农村金融市场还处于培育阶段，政府失灵会产生更严重的后果。运行良好的农村金融体系必是在政府的政策支持下各机构各司其职，在完善的法律规范下为三农发展提供有力支持。我国政府的宏观调控体系主要包括财政政策和货币政策。

1. 加大财政政策支持力度。农业生产的高风险及低收益，决定了三农的弱质性，也导致了我国长期以来的城乡二元金融结构。建立财政补偿的农村金融机制，不仅可以确保农业投资具有基本的收益，缩小城乡收入差距，同时也可以调动和提高涉农金融机构为“三农”服务的主动性和积极性。

第一，制定合理的税收政策。应加快出台广覆盖且长期稳定的普惠型农村金融税赋政策。要将可以享受税收优惠主体的范围扩大到所有涉农金融机构，对涉农营业收入给予营业税和所得税的减免，以此来补偿农村金融机构因服务于“三农”而损失的利润和承担的风险。

第二，建立收入补偿机制。对因支持“三农”而蒙受损失的农村金融机构给予适度的财政补贴；对政策性扶贫贷款，在允许亏损范围内，亏损额有财政弥补；偏远贫穷地区的农村金融机构，因无法达到规模效益而导致的亏损，由财政拨补。

第三，对贷款利息进行补贴。加快出台适合我国农村金融发展的涉农贷款政策性补贴办法，对银行业金融机构为贫困地区和国家重点农业项目提供的贷款，给予一定程度的利息补贴，降低农村市场主体的融资成本。

2. 实行有利于农村金融发展的货币政策。首先，给予农村金融票据再贴现支持。简化农村金融票据的审核程序，减少不必要的手续。针对不同地区的不同业务特点，实行差别化的优惠贴现率，促进农村金融结构的调整。其次，给予农村金融机构再贷款的政策支持。通过再贷款政策支持，引导各类金融机构加大对三农的资金支持，缓解涉农资金供不应求的局面。最后，降低涉农金融机构的存款准备金率。

3. 普惠金融的发展离不开市场化的运行机制，通过市场这只看不见的手可以有效提升农村金融体系的效率。第一，鼓励农村金融市场各主体之间有序竞争。普惠金融发展的重要驱动力就是市场竞争。经过多年的改革与发展，农村地区已经初步培育出了一定种类和数量的金融机构，农村金融市场已初具规模。要进一步提高农村金融体系的效率，优化金融资源在广大农村地区的配置，就需要更加有序和良性的竞争环境。第二，鼓励金融机构创新贷款技术、风险管理方法等。在有序的市场竞争环境下，提高金融机构金融服务的供给效率，以金融机构金融服务供给效率的提高代替政府直接奖补。

6.10 着力于积极鼓励农村金融创新

以技术创新推动普惠金融发展。信息化不仅是农业现代化的重要标志，也是实现普惠金融的重要渠道。我国部分农村地区还存在地区交通不发达，农民到传统物理网点办理业务不方便的现实情况。大数据和云计算技术的结合能够有效降低金融机构的运营成本，提高服务水平和普惠程度。一方面，要充分利用现代信息技术。随着现代信息技术的不断发展，移动金融能够实现低成本和高效率。现阶段我国已经具备通过移动终端和互联网技术实现普惠金融的条件。因此，我们鼓励银行业金融机构加大网上银行和手机银行的建设，使传统物理网点的人工服务和线上的智能服务互为补充。同时也鼓励非银行的第三方支付平台为社会提供利民。便民的支付服务。另一方面，金融服务质量与效率的不断提高，还要依靠技术水平的不断创新。

创新农村金融产品。随着农业现代化的不断推进，普惠程度越来越高，农村市场主体对农村金融产品和服务的需求有了更高的要求。传统单一的存贷服务，已经不能满足农村市场主体对农村金融的巨大需求。因此，为解决农村金融需求与供给的不平衡，实现农村金融机构的可持续发展，创新农村金融产品成为关键。首先，随农民可支配收入的不断增加，农民手中有越来越多的剩余资金可用于投资。因此农村金融机构可以为农民提供理财服务，增加农民投融资渠道。其次，银行在为农户提供存贷款服务的同时，可以根据贷款投向，给予农民相关附加信息服务。如向农民提供农业生产、农产品加工等相关信息。再次，可向农村金融市场主体提供具有时效性的金融服务。如根据农业生产的不同周期，提供保险、信托、租赁等服务。最后针对不同农村经济主体对金融服务的不同需求，有针对性的加强金融产品创新是满足多层次金融需求的关键。针对贫困型农户的生存需求和小额生产费用需求，可提供相关小额信贷及政策性金融支持；针对进城务工农民工的小规模创业资金需求和消费性需求，可通过民间借贷和商业银行贷款满足；针对农村中小企业的小规模生产经营资金需求，商业银行可提供多种创新型融资产品。

6.11 结　论

本章提出了促进我国普惠型农村金融体系建设的对策，主要是四个着力点：着力于发展新型农村金融机构和推广小额信贷等微型金融服务，认为放宽新型农村金融机构的准入条件，大力发展村镇银行等新型农村金融机构，同时鼓励发展适合农村特点和需要的小额信贷和微型金融服务；着力于建立健全的农村信贷担保运行机制，加大政府对农村信贷担保体系建设的支持力度，建立政府扶持、多方参与、市场运作的农村信贷担保机制；着力于逐步引导农村林地等土地经营权进入金融领域，充分利用我国林业资源丰富，积极推广林权抵押贷款。探索土地抵押贷款模式，逐步引导农村土地使用权进入金融领域；着力于发展农村保险以降低普惠金融业务风险。建立多元化的农村保险机构、农村保险产品合作开发机制、融资与保险配套合作机制和健全再保险市场体系。

参考文献

[1] Yaron, Jacob, McDonald Benjamin, and Gerda Piprek. 1997. "Rural Finance Issues, Design and Best Practices." World Bank, Agriculture and Natural Resources Department, Washington, D. C.

[2] Mckinnon, R. I. The Order of Economic Liberalization: Financial Control in the Transition to a Market Economy [M]. Baltimore: Johns Hopkins University Press, 1973.

[3] GGAP, "Access for ALL: Building inclusive financial systems", Washington , D. C. 2006: 20 - 24.

[4] 张杰．农户、国家与我国农贷制度：一个长期视角 [J]．金融研究，2005 (2): 44 - 47.

[5] 王为宁．中国农村金融问题研究综述 [J]. 企业家天地（理论版），2007 (06): 63 - 64.

[6] 冉光和，温涛，李敬．我国农村经济发展的金融约束效应研究 [J]. 中国软科学，2008 (07): 27 - 37.

[7] 杜晓山．小额信贷的发展与普惠性金融体系框架 [J]. 中国农村经济，2005 (06): 21 - 23.

[8] 顾海峰，蔡四平．我国新农村建设中农村金融组织体系的重构研究——基于功能视角的农村金融组织体系探讨 [J]. 调研世界，2009 (03): 7 - 12.

[9] 焦瑾璞．构建普惠金融体系的重要性 [J]. 中国金融，2010 (10): 10 - 11.

[10] 汤敏．如何加快普惠型金融发展 [J]. 中国金融，2010 (8): 7 - 9.

[11] 马洪范，商瑾．构建普惠金融体系的财政思考 [J]. 中国金融，2010 (10): 41 - 43.

[12] 韩俊．加快建立普惠型的农村金融体系 [J]. 农村经营管理，2009

(02): 20-23.

[13] 杜晓山. 小额信贷与普惠金融体系 [J]. 中国金融, 2010 (7): 06-07.

[14] 张海峰. 商业银行在普惠金融体系中的角色和作用 [J]. 农村金融研究, 2010 (05): 20-21.

[15] 杜晓山. 以普惠金融体系理念 促进农村金融改革发展——对中西部农村地区金融改革的思考 [J]. 农业发展与金融, 2007 (01): 36-38.

[16] 杜晓山. 和谐金融与普惠金融体系 [J]. 中国农村信用合作, 2008 (01): 12-14.

[17] 杜晓山. 服务弱势群体应发展普惠金融体系 [J]. 农村金融研究, 2008 (02): 14-16.

[18] 陆游. 农村普惠金融体系与商业型小额信贷的发展 [J]. 管理观察, 2008 (17): 34-35.

[19] 王安军, 王广明. 贫困地区金融供求分析与建立普惠金融服务体系的建议 [J]. 海南金融, 200 (9): 22-23.

[20] 王睿, 明悦. 普惠性金融体系下中国农村小额信贷机构的研究分析重庆大学学报 (社会科学版) [J]. 2008 (5): 22-24.

[21] 戈德史密斯. 雷蒙德. 金融结构与金融发展 [M]. 上海: 上海三联书店, 1984.

[22] 麦金农. 经济发展中的金融深化. 王威等译 [M]. 北京: 中国社会科学出版社, 1989.

[23] 爱德华·S. 肖. 经济发展中的货币与资本 [M]. 上海: 三联书店上海分店, 1988.

[24] 谈儒勇. 金融发展理论与中国金融发展 [M]. 北京: 中国经济出版社, 2000.

[25] Jeremy Greenwood, Bruce D. Smith. Financial markets in development, and the development of financial markets Journal of Economic Dynamics & Control, 1997 (21): 145-181.

[26] 尼尔斯·赫密斯. 金融发展与经济增长 [M]. 北京: 经济科学出版社, 2001.

[27] 彭兴韵. 金融学原理 (第四版) [M]. 上海: 格致出版社, 2010.

[28] 李建英. 转轨时期农村金融新体系研究 [M]. 北京: 经济管理出版

社，2007.

[29] Stieglitz , J. and A. Weiss. Credit Rationing in Markets with Imperfect Information. American Economic Review [J] . 1981 (71): 393 -410.

[30] 冯兴元，何梦笔，何广文．试论中国农村金融的多元化——一种局部知识范式视角．中国农村观察 [J]. 2004 (05): 17 -29.

[31] 殷本杰．金融约束：新农村建设的金融制度安排 [J]. 中国农村经济，2008 (6): 34 -37.

[32] 杨荣．构建多元化的我国农村金融机构体系 [J]. 金融与经济，2009 (07): 67 -69.

[33] 赵斯彤．农户资金需求与信贷约束：基于华北地区的问卷调查 [J]. 中国农村金融，2009 (09): 81 -83.

[34] 黄卫红．中国农村融资问题与金融抑制、金融深化的关系研究 [J]. 农村金融，2009 (05): 17 -19.

[35] 唐晓旺．加快培育新型农村金融机构面临的问题与对策 [J]. 企业经济，2011 (09): 24 -26.

[36] 何大安，丁芳伟．中国农村金融市场化非均衡推进现象分析 [J]. 中国农村经济，2011 (06): 51 -53.

[37] 朱燕宇．农业发展银行改革发展路径选择 [J]. 法制与经济，2006 (01): 26 -28.

[38] 罗继东．谈农村中小金融机构全面风险管理体系建设 [J]. 中国农村金融，2010 (09): 47 -49.

[39] 赵斯彤．农户资金需求与信贷约束 [J]. 中国农村金融，2010 (09): 15 -17.

[40] 李鸿建．村镇银行：生存困境和制度重构 [J]. 武汉金融，2006 (03): 21 -23.

[41] 应兰秋．农村资金互助社实践与思考 [J]. 合作经济与科技，2009 (22): 16 -18.

[42] 龙会芳．村镇银行与农村资金互助社的比较与合作 [J]. 金融与经济．2009 (09): 51 -53.

[43] 田俊丽．中国农村金融体系重构——缓解农村信贷配给 [M]. 成都：西南财经大学出版社，2007.

[44] 王修华．新农村建设中的金融排斥与破解思路农业经济问题 [J] .

2009（07）：42－48.

［45］焦瑾璞，陈瑾．建设中国普惠金融体系［M］．北京：中国金融出版社，2009.

［46］贺思文．普惠制视角下的农村金融体系设计及制度保障［J］．全国商情理论研究，2010（01）：99－100.

［47］朱建华，刘卫柏．社会公平与普惠型农村金融体系构建［J］．社会科学家，2010（05）：95－98.

［48］陆磊，王颖．以社区型金融机构为载体构建中国普惠制金融框架：从微观到宏观［J］．农村金融研究，2010（05）：11－17.

［49］吴晓灵．建立现代农村金融制度的若干问题［J］．中国金融，2010（10）：6－7.

［50］张海峰．商业银行在普惠金融体系中的角色和作用［J］．农村金融研究，2010（05）：20－26.

［51］刘萍．我国农村金融体系调查研究及对策——以黑龙江省为案例［J］．黑龙江金融，2009（03）：109－111.

［52］马九杰，沈杰．中国农村金融排斥态势与金融普惠策略分析［J］．农村金融研究，2010（05）：33－35.

［53］王金平．完善服务于新农村建设的农村金融体系的现实抉择［J］．黑龙江金融，2008（11）：61－62.

［54］景兆辉．新政视角下建立普惠农村金融服务体系的思考［J］．甘肃金融，2009（10）：28－30.

［55］王曙光．阻断二元金融结构——建立普惠金融体系［N］．中国社会科学报，2010.

［56］杨国平，蔡伟．农村土地承包经营权抵押贷款模式探讨［J］．武汉金融，2009（02）：49－51.

［57］王煜宇．新型农村金融服务主体与发展定位：解析村镇银行［J］．改革，2012（04）：77－80.

［58］李劲松，邓永良．从新型农村金融发展看农村金融的重构［J］．经济问题探索，2012（09）：112－115.

［59］解运亮，刘磊．中国农村金融发展的区域差异及其成因分析［J］．经济问题探索，2013（06）：43－46.